Lorenz Geßwein

Befreie dich von Krebs

Patienten-Information zu S-Acetylglutathion (SAG)
und einer grundlegenden
psychologisch-biologischen Krebstherapie

edition lux

Verlags- und Autorenanschrift:
edition lux · Lorenz Geßwein · Am Zinnbruch 34 ·
53129 Bonn · Tel. 0228 - 23 50 52 · spirit.lorenz@web.de ·

Bestellung dieser Schrift unter: Tel. 0180 – 500 1770·
Fax 0551-79 86 544 · E-Mail: editionlux@ac-gruppe.de
(Portofreie Lieferung für Endkunden.)
(Verlagsauslieferung, Hannoversche Straße 127, 37077 Göttingen.)
Oder in jeder Buchhandlung.

Layout: Lorenz Geßwein & frei**art**, Königswinter
Umschlaggestaltung: frei**art**
Satz: Souvenir Lt BT; L. Geßwein & frei**art**
Druck und Bindung: Steinmeier, Nördlingen

ISBN 3-9809845-1-6

Inhalt

Anhang

Vorwort

Die vorliegende Informationsschrift widmet sich einem Thema, das in seiner ganzen Tiefe für den medizinischen Laien schwer verständlich ist. Die komplexe Tiefe der Problematik der Krebserkrankung ist zwar naturwissenschaftlich völlig ausgelotet, die therapeutische Konsequenz aus diesen Erkenntnissen wurde von der Schulmedizin aber leider weitgehend nicht vollzogen. Die üblichen Strategien der schulmedizinischen Onkologie – *Operation, Chemotherapie und Bestrahlung* – sind zwar relativ gut imstande Tumoren zu zerstören, aber Chemo- und Strahlentherapie bringen letztlich *keine wesentliche Verlängerung der Lebenszeit*. Statistische Untersuchungen holen die traurige Wahrheit ans Licht, dass diese aggressiven Therapien durch fortgesetzte Anwendung die Lebensqualität der betroffenen Menschen deutlich verschlechtern und – im Vergleich zu den nicht mit Chemo- und Strahlentherapie behandelten Patienten – bestenfalls eine unwesentliche Verlängerung der Lebenszeit um nur wenige Wochen erreichen.

Angesichts dieser niederschmetternden Situation taucht die Frage auf, ob man dem lebensbedrohlichen Problem der Krebserkrankungen nicht mit natürlichen, nebenwirkungsfreien Mitteln und Methoden erfolgreich begegnen kann. Die praktische Erfahrung zeigt, dass durch eine Vorgehensweise, die sehr eng und konsequent die neuesten naturwissenschaftlichen Erkenntnisse über die biochemische und zellbiologische Natur der Krebszelle berücksichtigt, eine sehr viel größere Chance besteht, selbst die schwersten Krebserkrankungen mit relativem Wohlbefinden erstaunlich lange zu überleben.

Diese Hoffnung gebende Vision verlangt indessen vom krebskranken Menschen die unbedingte und unbeirrbar konsequente Mitarbeit in einem wesentlichen Punkt:
der persönliche ***Lebensstil*** *als grundlegende, eigentliche Ursache jeglicher Tumorerkrankung muss dauerhaft in umwälzender Weise korrigiert werden.* Wer sein Leben auf Dauer *ohne* zielstre-

bige Befolgung bestimmter Gesundheit bringender Lebensgesetze führt, hat kaum eine Chance, eine lebensbedrohliche Erkrankung grundlegend zu besiegen!

Auch hinsichtlich einer wirkungsvollen *Vorbeugung* von Tumor- bzw. Krebserkrankungen ist es unerlässlich, den landläufigen stresserfüllten Lebensstil der modernen Zeit fundamental zu korrigieren und zu überwinden. Die beunruhigend schnelle Zunahme von Tumorerkrankungen in den Industriegesellschaften, die stark nach möglichst schnellem Wirtschaftswachstums streben, zeigt deutlich, dass sich viele Menschen in diesen Ländern ohne es zu fühlen kurz vor Ausbruch einer Krebserkrankung befinden.

Der Mensch, der sich weitgehend sicher vor einer Tumorerkrankung schützen will, sollte die grundlegenden Bedingungen kennen, die zu einer Krebserkrankung führen und seine angeborene Klugheit und erworbenen Willenskräfte mobilisieren, um ein großes persönliches Problem kreativ und erfolgreich abzuwenden. Und in der vorliegenden Schrift sind die wichtigsten Informationen zu finden, die nötig sind, um einen weitgehend sicheren Weg zur Vermeidung und Heilung von Tumorerkrankungen zu gehen.

Wer weitere, tiefer gehende Informationen zu diesem Thema bekommen möchte (und insbesondere Ärzte, Heilpraktiker und Psychotherapeuten), sollten das Buch „Biologische Befreiung von Krebs“ lesen, das sehr umfassend und mit vielen praktischen Ratschlägen und Tipps zu helfen weiß. (Erhältlich in jeder Buchhandlung und unter Telefon 0180 – 500 1770).

1. Kapitel

Die tiefere Ursache von Krebserkrankungen

Jede Krebserkrankung ist das Ergebnis eines schweren Ungleichgewichtes in der ursprünglichen, natürlichen Harmonie von Körper, Geist und Seele. Und jeder Mensch, der an Krebs erkrankt ist, muss sich klarmachen, dass sein *persönlicher Lebensstil* diesen Verlust der ursprünglichen, natürlichen Harmonie herbeigeführt hat.

Jeder Mensch, der heutzutage in einem hoch industrialisierten Land lebt und dabei dem üblichen, modernen Lebensstil folgt, lebt unweigerlich gefährlich. *Denn alle Krebserkrankungen entstehen durch große Anhäufungen von Sorgen, Ängsten, Stress und giftigen Substanzen.*

Wer von einer Krebserkrankung so weit wie möglich geheilt werden möchte oder möglichst wirkungsvoll einer solchen vorbeugen will, kommt deshalb nicht umhin, die bestehenden Anhäufungen von Sorgen, Ängsten, Stress und giftigen Substanzen zielstrebig abzubauen.

Das bedeutet jedoch für Sie als Krebspatientin oder -patient, dass die hier skizzierte Krebstherapie nur dann ganz gelingen kann, wenn Sie mit ganzem, unbedingtem Willen und unbeirrbarer Konsequenz alle notwendigen therapeutischen Maßnahmen ausführen!

Wenn Sie also wirklich an ihrer Heilung mitarbeiten wollen, müssen Sie sich bewusst sein, dass diese bereitwillige, konsequente und erfolgsorientierte Mitarbeit in ihrem persönlichen Lebensstil einige umwälzende Änderungen mit sich bringt...

Krebs ist eine schwerwiegende Erkrankung, welche vorwiegend durch den persönlichen Lebensstil bedingt ist. Die Art und Weise wie wir leben ist selbstverständlich eingebunden in das allgemeine gesellschaftliche Leben – unsere persönliche Lebensweise ist also auch das Resultat von bestimmten gesellschaftlichen Verhältnissen.

Aber diese Verhältnisse zwingen uns nicht so sehr zu unserer Lebensweise wie wir glauben. Es ist in der Regel durchaus möglich, das persönliche Leben so zu gestalten, dass es weitgehend harmonisch, ohne dauerhaften Stress sowie gesundheitsfördernd und -erhaltend abläuft!

Und diese neue Lebensweise wird Sie mit Sicherheit glücklicher, gesünder und zufriedener machen! *Das ist wohl ein sehr erstrebenswertes Ziel und eine spannende Herausforderung. Es bedeutet eigenverantwortliche, kritische und schöpferische Umgestaltung des eigenen Lebens! Es bedeutet indessen auch Umwertung vieler persönlicher Werte...*

Die zeitlose west-östliche Weisheit sagt, dass alle sogenannten „Anhäufer-Krankheiten“ – zu denen auch Krebs zählt – ihre geistige Ursache in unmäßigen Anhäufungen von materiellen Wünschen und den daraus folgenden Sorgen und Ängsten haben. Krebs ist bekanntlich eine Erkrankung, bei der bestimmte Körperzellen auf eine unkontrollierte, ***sich anhäufende Weise*** *weiter wachsen.*

„Krebs bedeutet Zellteilung zur falschen Zeit, am falschen Ort und physiologisch unsinnig. Leben, Wachstum, Differenzierung, Anpassung bedeutet Zellteilung zur richtigen Zeit, am richtigen Ort und physiologisch sinnvoll!“ So schrieb es einmal treffend ein genialer Arzt und Biochemiker, der Erfinder des wichtigsten biologischen Heilmittels in dieser psychologisch-biologischen Krebsheilweise, des **S-Acetylglutathion (SAG)**, Dr. med. habil. Gerhard Ohlenschläger, Facharzt für Innere Medizin, Chirurgie, Labormedizin und Biochemiker.

Jeder Krebs ist eine lebensirritierende Anhäufung kranker Zellen, die nicht mehr imstande sind, ihren genetisch programmierten Zelltod gelingen zu lassen; es ist eine fundamentale Störung in der „Elektronik“ der Zelle!

In der Krebszelle ist der natürliche, genetisch eingebaute „Sterbe-Mechanismus“ blockiert; die Krebszelle wächst und teilt sich so lange weiter, bis der Mensch an seiner Tumorerkrankung stirbt oder der Krebs geheilt wird.

Es gibt also eine deutliche Entsprechung zwischen der unmäßigen Anhäufung von materiellen Wünschen und der krankhaften Anhäufung von Körperzellen...

Diese Entsprechung ist weder Zufall noch Übertreibung, sondern lediglich der natürliche Ausdruck eines bestimmten Lebensgesetzes: Leben kann nur dann harmonisch existieren und sich schöpferisch weiterentwickeln, wenn alle Lebenskräfte in einem harmonischen *Fluss* bleiben.

(Dabei ist es selbstverständlich, dass nicht alle krebskranken Menschen ein Übermaß an materiellen Wünschen haben...

Aber die Vergiftung unserer Um- und Mitwelt, das gewöhnlich stressreich gestaltete moderne Leben und viele andere Faktoren, die Krebs verursachen, haben ihre nährenden Wurzeln in einer unmäßig materialistischen, von ausbeuterischer Gier erfüllten kollektiven Grundhaltung, die unvermeidlich Sorgen und Ängste hinter sich herziehen.)

Sobald sich dieser Lebensfluss durch störende Einwirkungen staut oder in einen disharmonischen Zustand gerät, entsteht unweigerlich eine Disharmonie im Denken, Fühlen, Handeln oder Körper des Menschen – und je stärker diese störenden Einwirkungen sind und je länger sie anhalten, desto schwerwiegender wird die psychische oder körperliche Disharmonie und Erkrankung!

Alle „Anhäufer-Krankheiten“ einschließlich Krebs können nur grundlegend geheilt werden, wenn die krankheitsverursachenden Anhäufungen von Sorgen, Ängsten, Stress und giftigen Substanzen so weit abgebaut werden, dass der Fluss des Lebens wieder in Gang kommen kann. Und jede Tumortherapie kann nur dann wirklich gelingen, wenn der möglichst harmonische Fluss des Lebens weiter aufrechterhalten wird!

Daraus folgt: Der bedeutendste Faktor für eine sichere und dauerhafte Heilung ist die Bemühung des kranken Menschen, seine negativen psychischen Einstellungen und seine disharmonische Lebensweise grundlegend zu ändern, weil sie die fundamentalste Ursache für alle lebensgefährlichen Erkrankungen sind.

Ohne eigenverantwortliche harmonisierende Veränderung der Lebenseinstellung und Lebensweise, können die Menschen, welche dem modernen Lebensstil des westlichen Kulturkreises folgen, das erstrebte Ziel einer grundlegenden Heilung nicht erlangen.

Die zentrale Frage ist also: welche einzelnen Dinge im Lebensstil eines krebskranken Menschen haben im Laufe der Zeit seine schwere Krankheit verursacht und erhalten sie weiter aufrecht? Es muss im individuellen Fall herausgefunden werden, welche einzelnen Faktoren einer wirklichen Heilung im Wege stehen und wie diese Krebs auslösenden Hindernisse sicher beseitigt werden können. Ohne die individuelle Erforschung und Beseitigung der Ursachen kann logischerweise keine Heilung erwartet werden!

Die Vermeidung und Beseitigung der Ursachen ist eine der vier tragenden Säulen in dieser psychologisch-biologischen Krebsheilweise, die im Folgenden beschrieben wird.

Ohne Entfernung der Wurzeln wächst Unkraut wieder nach. Und wenn die Wurzeln weiter gewässert werden, indem man die Ursachen unbewusst weiter hegt, werden viele Heilkräfte vergeblich verbraucht und vergeudet.

Die Wurzeln jeder Krebserkrankung sind in den östlichen Heilkünsten schon vor einigen tausend Jahren erkannt und erfolgreich behandelt worden. Und dieses uralte Wissen kann für die westliche Zivilisation lebensrettend sein! Der moderne Mensch ist durch seine Lebensweise an einen tödlichen Abgrund gelangt, wo er jede rettende Hand sofort ergreifen sollte.

2. Kapitel

Die grundlegende psychologisch-biologische Krebstherapie

Die Krebsheilweise, welche hier erstmals skizziert dargestellt wird, hat vier tragende Säulen:

1. *Hoch dosierte Auffüllung der dynamischen körpereigenen Speicher von Tumor vorbeugenden Antioxidantien bzw. Radikalfängern. (Vorwiegend reduziertes Glutathion in optimaler Form als S-Acetylglutathion, Selen, Vitamin C, und bei Tumoren mit starker Beteiligung des vegetativen Nervensystems und des Hormonsystems sowie von Elektrosmog auch Melatonin.)*

Um die gesundheitsnotwendige Hochfüllung der dynamischen physiologischen Antioxidantien-Speicher sicher zu erlangen, ist anfangs eine sehr hoch dosierte Einnahme dieser vier Substanzen (deren Tumor vorbeugende und Krebszellen abbauende Wirkung naturwissenschaftlich sicher erwiesen ist) unter präziser labormedizinischer Kontrolle des Glutathion-, Selen- und Vitamin C-Blutplasma-Spiegels sowie des Melatonin-Urin-Wertes notwendig.

2. *Biologische Ausleitung von Schlacken und Säuren, die Krebs mit verursacht haben. Hier werden verschiedene bewährte naturheilkundliche Verfahren angewendet.*

3. *Spirituell-psychologische Harmonisierung von Sorgen und Ängsten, die Krebs mit verursacht haben. Hier wird die Bach-Blütentherapie unter besonderer Berücksichtigung von 13 Blüten-Essenzen angewendet, die sich bei der psychologischen Behandlung von krebskranken Menschen als besonders wichtig herausgestellt haben.*

4. *Vermeidung und Beseitigung der äußeren Ursachen, deren oft langdauernde Einwirkungen Krebs mit ausgelöst haben. Die psychischen und zahlreichen materiellen Ursachen der Krebsentstehung müssen vom Therapeuten bzw. Patienten für den individuellen Fall herausgefunden, vermieden und beseitigt werden, damit eine möglichst grundlegende Heilung erzielt werden kann.*

Die erste tragende Säule – hoch dosierte Auffüllung der körpereigenen Antioxidantien-Speicher

In biologischen Systemen (Pflanze, Tier und Mensch) werden alle Lebensvorgänge durch einen sogenannten „biologischen Elektronenfluss" aufrechterhalten. Als materielle Motoren dieses Elektronenflusses sind bestimmte Substanzen wirksam, die Elektronen-Donatoren (Elektronenspender) genannt werden. Es sind die mehr oder weniger bekannten *Antioxidantien* bzw. *Radikalfänger* bzw. *Vitalstoffe* wie beispielsweise Mineralstoffe, Spurenelemente, Vitamine, Aminosäuren, Coenzyme, Enzyme und sekundäre Pflanzenfarbstoffe. Diese Substanzen werden sowohl teilweise über die Nahrung zugeführt, als auch – verstärkt durch die Anregung von Glücklichsein – im Körper selbst gebildet.

Indem diese Substanzen Elektronen spenden und damit die Oxidation verursachenden Freien Radikale unschädlich machen, erhalten sie den für alle Lebensvorgänge notwendigen harmonischen biologischen Elektronen- bzw. Energiefluss aufrecht.

In biologischen Systemen gibt es zum Teil sehr große natürliche Speicher für diese antioxidativ wirkenden Substanzen (Radikalfänger). Beim Menschen sind im Idealfall diese dynamischen Speicher aufgrund einer generationenlangen gesunden Lebensweise in einer natürlichen, relativ harmonischen Umwelt hoch gefüllt.

Von diesem Idealfall hat sich jedoch der moderne Mensch mit der von ihm selbst geschaffenen Umwelt und Lebensweise kolossal weit entfernt! Die übermäßigen Anhäufungen von Sorgen, Ängsten, Stress und giftigen Substanzen, die allesamt sehr viele Elektronen im Organismus verbrauchen, also sehr oxidierend wirken (oxidativer Stress), haben zu einer *verheerenden Ausraubung* der natürlichen Antioxidantien-Speicher geführt!

Die Natur hat *ursprünglich* Nahrungspflanzen so reichlich mit Antioxidantien gesättigt, dass Menschen mit guten, gesundheitsgarantierenden genetischen Anlagen auch unter zeitweise belastenden Bedingungen bei regelmäßigem und genügendem Verzehr dieser ursprünglichen Nahrungspflanzen keinen gefährlichen Mangel entwickeln. Die in den modernen Industriegesellschaften üblicherweise verzehrten Nahrungsmittel enthalten aber aufgrund der in der Regel nicht biologisch arbeitenden Landwirtschaft immer weniger lebenswichtige Antioxidantien. Außerdem hat in den letzten 50 Jahren in den Kulturen, die stark von westlich-materialistischen Idealen geprägt sind, durch Anhäufungen von Giften und Stress die Lebensbelastung so rasant zugenommen, dass es fast keine Menschen mehr gibt, die eine gute, gesundheitsgarantierende genetische Ausstattung besitzen. Die *relativ* häufig „guten Gene" unserer Vorfahren sind schon lange eine schöne, wehmütige Erinnerung im universalen Gedächtnis der *Natur.*

So ist es verständlich, dass als logische Konsequenz bei fast allen modernen Menschen ein erheblicher *Energiemangel* und eine große *Disharmonie im biologischen Elektronenfluss* besteht. Wenn dieser enorme Energiemangel und diese große Disharmonie lange genug dauern, werden sie die tiefere energetische und biochemische Ursache für alle schwerwiegenden Erkrankungen.

Daraus folgt, dass eine möglichst rasche und hinreichend hoch dosierte Auffüllung der weitgehend entleerten Antioxidantien-

Speicher vorgenommen werden muss, die das bestehende Energiedefizit und die große Disharmonie im biologischen Elektronenfluss korrigieren. Das führt zu erhöhter Gesundheit und gesteigerter Lebensfreude.

Hinsichtlich dem riesigen Problem der Tumorerkrankungen besteht eine sehr wichtige Verbindung zu den natürlichen Körperspeichern von bestimmten Antioxidantien bzw. Radikalfängern. Denn die Antioxidantien **reduziertes Glutathion**, **Selen**, **Vitamin C** und **Melatonin** sind sehr potent imstande, dem Wachstum von Tumorzellen auf unschädliche Weise entgegenzuwirken.

Wenn die natürlichen Speicher dieser vier Substanzen lange genug sehr wenig gefüllt sind, entstehen mit naturgesetzlicher Notwendigkeit in einer Schwachstelle des Körpers Tumorzellen. ***Daraus folgt, dass Tumorzellen auf unschädliche Weise beseitigt werden können, indem die Speicher der Tumor vorbeugenden und auflösenden Antioxidantien wieder möglichst schnell hoch gefüllt werden.***

*Die hoch dosierte Auffüllung durch Einnahme von reduziertem Glutathion – in optimaler Form als S-Acetylglutathion (**SAG**) –, Selen, Vitamin C und Melatonin sollte labordiagnostisch begleitet werden.*

(Das Blutplasma muss *zu Beginn der Therapie* daraufhin untersucht werden, wie weit der Mangel des reduzierten Glutathions, als wichtigste tumorantagonistische, also tumorabbauende Substanz, fortgeschritten ist, um eine individuell richtige Dosierung zu finden. Nach längerer Einnahme von Selen, Vitamin C und eventuell Melatonin muss im Blutplasma untersucht werden, wie weit die anfänglich immer notwendige Höchstdosierung dieser drei oder vier Substanzen vermindert werden kann. – Labor-Adressen siehe Anhang.)

Diese Erste Säule der psychologisch-biologischen Krebstherapie ist die Stärkste und Wichtigste.

1. Auffüllung des reduzierten Glutathion-Speichers mit S-Acetylglutathion

Vorbemerkung: In dem folgenden Text wird der Versuch unternommen, biochemische Vorgänge, die für den Laien schwer verständlich sind, möglichst einfach darzustellen. So ist zwar eine *relativ gut* verständliche, aber natürlich auch stark vereinfachte Darstellung entstanden, welche die biochemische Realität in ihrer ganzen Kompliziertheit nur ungenügend beschreibt. Die folgenden Informationen können für den Laien also nicht mehr sein als eine anfängliche Hilfe, um sich an die komplexe und verwickelte Materie heranzutasten.

Diese Hilfe reicht allerdings aus, um die einzigartige Wirkung einer genialen Erfindung gut zu verstehen.

Wesen und Wirkung von S-Acetylglutathion

S-Acetylglutathion ist ein synthetisch hergestellter Wirkstoff, mit dem es gelungen ist, einen natürlichen, lebensnotwendigen Baustein biologischer Systeme (Pflanze, Tier und Mensch) für pharmakologische Zwecke *verbessert nachzubauen*.

Bei diesem natürlichen, lebensnotwendigen Stoff handelt es sich um das sogenannte *„reduzierte" Glutathion* (Abkürzung: G-SH). Reduziertes Glutathion ist ein Tripeptid [1], das in Pflanze, Tier und Mensch sehr viele äußerst lebenswichtige Aufgaben hat. Unter anderem ist es *der wichtigste Stoff, der in den Zellen* zerstörerische Angriffe („Oxidationen") der Freien Radikale abfängt bzw. deren Folgen repariert.

---

[1] Ein Tripeptid besteht aus drei Aminosäuren. Wenn ein Molekül aus mindestens zehn Aminosäuren zusammengesetzt ist, wird es „Polypeptid" genannt. Große Polypeptide aus mindestens hundert Aminosäureresten sind Proteine (Eiweiße).

Das „reduzierte" Glutathion-Molekül ist aus drei sehr kleinen Bausteinen zusammengesetzt: den Aminosäuren Glutamat, Cystein und Glycin.

Die Aminosäure *Cystein* ist indes der *wichtigste Baustein des „reduzierten" Glutathions*, weil Cystein ein gepaartes Schwefel- und Wasserstoffatom enthält.

Dieses gepaarte Schwefel- und Wasserstoffatom ist eine biochemische Rarität, mit der die Evolution ein hoch wirksames Mittel zur **Übertragung von Energie und Information** in biologischen Systemen entwickelt hat. Alle Lebensvorgänge in Pflanze, Tier und Mensch können nur dann harmonisch ablaufen, wenn in notwendigem, rechtem Maße Energie und Information an alle Zellen weitergegeben werden.

Der wichtigste Baustein des „reduzierten" Glutathion-Moleküls, das Cystein, benötigt für seine optimale biochemische Funktionsfähigkeit das gepaarte, also unzertrennte Schwefel- und Wasserstoffatom. Denn nur dann ist das ganze Glutathion-Molekül in seiner energiereichen „reduzierten" Form. (Der chemische Ausdruck „reduziert" bedeutet im Gegensatz zum landläufigen Sprachgebrauch etwas Positives: mehr Energie, mehr Quantität, mehr Qualität.)

Freie Radikale, also aggressive, zerstörerische molekulare Verbindungen, zu denen auch der atmosphärische Sauerstoff gehört, trennen jedoch im Herzstück des reduzierten Glutathion-Moleküls, dem Cystein, das Wasserstoff- vom Schwefelatom. Mit der Trennung des Wasserstoffatoms vom reduzierten Glutathion-Molekül wird dem Glutathion ein Elektron entzogen, so dass das *reduzierte Glutathion-Molekül* jetzt ein *oxidiertes Glutathion-Molekül* ist. Als *oxidiertes Molekül* ist das Glutathion indes „biologischer Müll" – also unbrauchbar für lebensnotwendige Stoffwechselprozesse. (Siehe Abbildung 1)

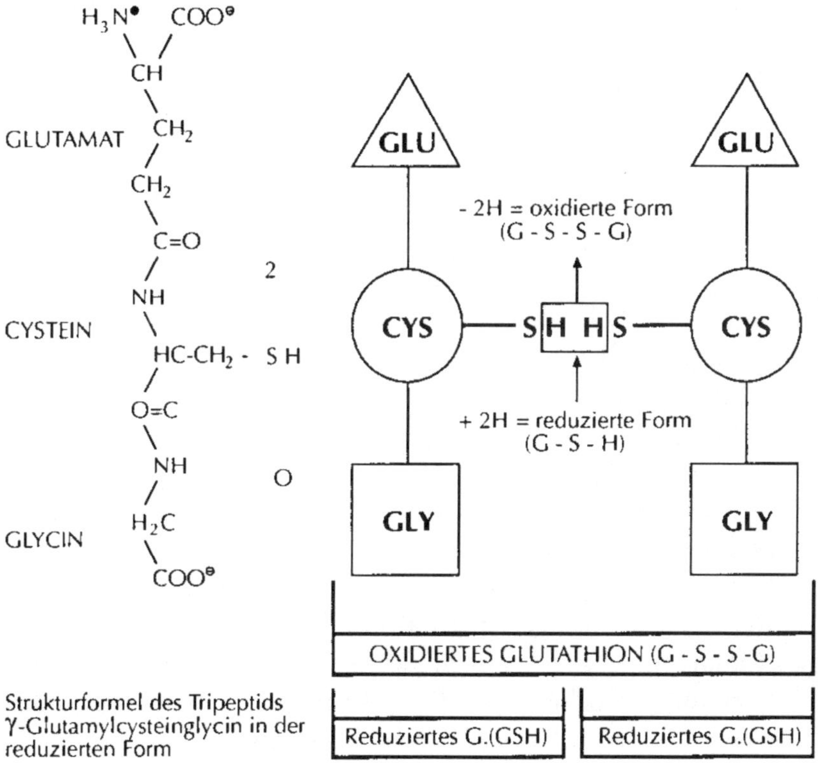

Abbildung 1: Strukturformel des reduzierten Glutathion und oxidiertes/reduziertes Glutathion

In allen Lebensvorgängen finden ständig Oxidation (*Elektronen-Abgabe*) und Reduktion (*Elektronen-Aufnahme*) statt. Indem Elektronen zwischen Molekülen und Atomen hin- und herwandern, entsteht ein sogenannter „biologischer Elektronenfluss", mit dem Energie und Informationen durch den Körper transportiert werden.

Für Gesundheit und Lebensfreude ist es jedoch absolut notwendig, dass in allen Körpergeweben mehr Elektronen-Aufnahme (Reduktion) als Elektronen-Abgabe (Oxidation) stattfindet. Es muss mehr Aufbau (Reduktion) als Abbau (Oxidation), also mehr Erhaltung von Energie und Zellen, als Verminderung von Energie und Zerstörung von Zellen stattfinden.

Gesundheit auf allen Ebenen des Lebens bedeutet Ordnung und Harmonie. Dies ist aber nur möglich, wenn im Organismus durch vorwiegende Reduktionen (Elektronen-Aufnahme) ein Fließgleichgewicht besteht.

Es gibt viele natürliche Stoffe, die als reduktive Elektronen-Spender tätig sind. Es sind die in gewissen Mengen in der Nahrung enthaltenen Vitamine, Enzyme, Spurenelemente, Mineralstoffe, sekundären Pflanzenfarbstoffe usw. Weil sie Oxidationen entgegenwirken, werden sie auch *Antioxidantien* (bzw. Radikalfänger) genannt.

So wird verständlich, dass für Ordnung, Harmonie und Gesundheit lebender Organismen genügend Antioxidantien bzw. Radikalfänger vorhanden sein müssen. Im Leben des modernen Menschen der Industriegesellschaften gibt es aber so viele oxidierende, Elektronen raubende Wirkungen durch Sorgen, Ängste, Stress und giftige Stoffe, dass die mit der Nahrung aufgenommenen Antioxidantien nicht ausreichen, um geistige und körperliche Gesundheit zu erhalten oder herbeizuführen.

Die Synthese von biochemischen Erkenntnissen mit jahrzehntelanger praktischer Erfahrung tausender Ärzte und Heilpraktiker – aber auch Laien – ist zur Zeit so fruchtbar geworden, dass viele Menschen erfahren, wie wirkungsvoll die höher und hoch dosierte Einnahme von Antioxidantien (Vitalstoffen) zur *Vorbeugung und Heilung von körperlichen Erkrankungen* eingesetzt werden kann.

Von allen bekannten Antioxidantien hat indessen das **reduzierte Glutathion-Molekül eine einzigartige Schlüsselstellung**: *es ist der wichtigste körpereigene Stoff, der den harmonischen biologischen Elektronenfluss steuert!* Das reduzierte, intakte Glutathion-Molekül besitzt eine *einmalige Leistungsfähigkeit zur Regulation des gesundheitsnotwendigen Informations- und Ener-*

gieflusses in lebenden Organismen! Das reduzierte Glutathion ist sozusagen der General, Organisator und kraftvolle Motor im riesigen Heer der Antioxidantien.

Um diese grundlegende, zentrale und umfassende Aufgabe erfüllen zu können, muss das reduzierte Glutathion allerdings im gesamten Körper in relativ hoher Konzentration aktiv sein. Das ist aber nur möglich, wenn genügend reduziertes Glutathion in den Körperzellen gebildet wird und das körpereigene System zur Regeneration von verbrauchtem (oxidiertem) Glutathion so intakt ist, dass diese lebensnotwendige hohe Konzentration im gesamten Körper ständig gewährleistet wird. Das körpereigene Glutathion-System ist jedoch äußerst empfindlich und wird leicht durch Stresseinflüsse vielerlei Art irritiert!

Das bedeutet, dass gerade in der heutigen stresserfüllten Zeit die körpereigene natürliche Produktion und Regeneration von reduziertem Glutathion stark vermindert ist. Der Mensch sollte wissen, dass außer Umweltgiften insbesondere unnatürliche technische Strahlungen (wie durch *Mobilfunk* erzeugt) zur *Zerstörung des intakten Glutathion-Moleküls* führen!

Es reicht auch nicht mehr aus, die drei Bausteine des reduzierten Glutathions (Glutamat, Cystein und Glycin) alleine über die Nahrung aufzunehmen – repräsentative Blutuntersuchungen zeigen deutlich, dass *praktische alle Menschen* in unserer modernen Industriegesellschaft einen **beunruhigenden Mangel an intaktem, unverbrauchtem Glutathion** haben!

Angesichts dieser gefährlichen Verhältnisse ist es also aus logischen biochemischen Gründen dringend angeraten, den meist großen Mangel des körpereigenen unzerstörten Glutathion-Moleküls möglichst schnell und grundlegend zu beheben.

(Es sollte aber auch einleuchten, dass diese Schadens-Behebung nicht ausreicht, um die *gesundheitsnotwendige Hochfüllung des körpereigenen Glutathion-Speichers* dauerhaft zu erhalten. Die Menschen sollten so leben, dass die verheerendsten Stresseinflüsse beseitigt und vermieden werden.)

In dem Fall, dass die für eine dauerhaft gute Gesundheit notwendige *Hochfüllung* des Körper-Speichers für reduziertes Glutathion nicht existiert, besteht die rein biochemisch begründete Gefahr verschiedener körperlicher Erkrankungen. In der wissenschaftlichen Literatur (siehe Literaturverzeichnis) sind viele chronische Erkrankungen beschrieben, die – außer anderen möglichen Mit-Ursachen – auch durch einen lange andauernden Mangel des lebensnotwendigen reduzierten Glutathions entstehen können: beispielsweise M. Alzheimer, M. Parkinson, Lebererkrankungen, Immunschwäche, Diabetes mellitus und Krebs.

Gerade im Zusammenhang mit der Krebserkrankung ist die einzigartige Rolle des reduzierten Glutathions sehr gut erkennbar. Biochemische Experimente zeigen, dass ein fundamentaler relativer Mangel dieser körpereigenen Schlüsselsubstanz die „Elektronik" der Zelle so grundlegend stört, *dass der gesunde, genetisch programmierte Zelltod („Apoptose") nicht stattfinden kann.*

Der Tumorzelle gelingt der normale, gesunde Zelltod nicht, weil in der Tumorzelle aufgrund der irritierten „Elektronik" der natürliche, genetisch eingebaute „Sterbe-Mechanismus" *blockiert* ist; die Tumorzelle wächst und teilt sich so lange weiter, bis der Mensch an seiner Tumorerkrankung stirbt oder der Krebs geheilt wird. Deshalb ist es bei allen Tumorerkrankungen logischerweise sehr sinnvoll, den tumorauslösenden relativen Mangel an reduziertem Glutathion durch hoch dosierte Auffüllung möglichst schnell wieder auszugleichen, so dass der Körper das Scheitern des gesunden Zelltodes möglichst rasch und grundlegend überwinden kann.

Zum gesundheitsnotwendigen Ausgleich eines grundlegenden Mangels der Schlüsselsubstanz reduziertes Glutathion stehen verschiedene Glutathionpräparate zur Verfügung. Jedoch nur *Eines* hat die notwendige *biochemische und pharmakologische Stabilität*, um mit wenig Oxidation und Wirkungsverlust bis in alle Teile aller Körperzellen zu gelangen. Das anfangs erwähnte, synthetisch hergestellte **S-Acetylglutathion** nach Dr. med. Gerhard Ohlenschläger® erfüllt die notwendigen *sehr hohen Anforderungen*, die in der heutigen schwer mit Giftstoffen und schädlichen Strahlen belasteten Umwelt zu Recht an eine *äußerst wirkungsvolle, sichere und nebenwirkungsfreie* pharmakologische Substanz gestellt werden. (Siehe Abbildung 2.)

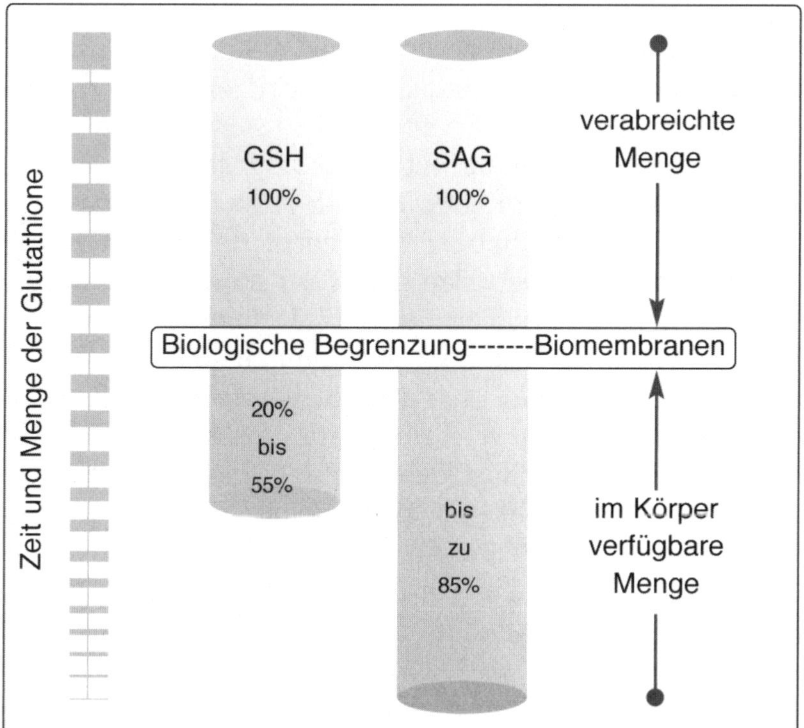

Abbildung 2: Vergleich der Bioverfügbarkeit von reduziertem Glutathion und S-Acetylglutathion

Die *sehr hohe biochemische und pharmakologische Stabilität* von **S-Acetylglutathion (SAG)** wird durch einen *maskierenden Schwefel-Essigsäure-Rest* (= „S-Acetyl") bewirkt, der an das biologisch wirksame reduzierte Glutathion-Molekül *angehängt* ist. So entsteht auf synthetische Weise der pharmazeutische Wirkstoff „S-Acetyl-L-glutathion" (SAG).

(Die Acetylierung einer biologisch-pharmazeutischen Substanz ist eine sehr effiziente Methode zur Stabilisierung von Substanzen und wird in der pharmazeutischen Industrie gerne verwendet. Das vielen Menschen bekannteste Beispiel ist das sogenannte „ASS".)

Wie weiter oben beschrieben, ist das reduzierte Glutathion-Molekül hoch labil, sehr empfindlich und wird leicht durch Stresseinflüsse vielerlei Art irritiert. So ist es gut verständlich, dass andere pharmazeutische Präparate mit der biologischen Substanz reduziertes Glutathion gegenüber dem S-Acetylglutathion einen entscheidenden Nachteil haben: das reduzierte Glutathion wird auf dem Weg in die Körperzellen durch die ständig vorhandenen Freien Radikale stark oxidiert, d.h. *biologisch unwirksam*. **S-Acetylglutathion (SAG)** jedoch ist chemisch so stabil, *dass das reduzierte Glutathion-Molekül in allen Körperzellen in seiner vollen physiologischen Potenz wirksam werden kann*.

Der hoch wirksame Schutz des sehr labilen reduzierten Glutathion-Moleküls geschieht mit der chemischen „Maskierung" durch die beschriebene Acetylierung. *Diese Schutz-Acetylierung ist so wirkungsvoll, weil sie das sehr labile gepaarte Schwefel- und Wasserstoff-Atom im reduzierten Glutathion-Molekül vor Elektronen-Entzug durch Freie Radikale schützt.* **Das gepaarte Schwefel- und Wasserstoff-Atom bekommt eine tarnende chemische Maske übergezogen, die es vor Angriffen durch Freie Radikale schützt.**

Insofern ist das natürliche reduzierte Glutathion-Molekül durch die maskierende Schutz-Acetylierung synthetisch *verbessert nachgebaut.*

Der zweite wesentliche Vorteil von **S-Acetylglutathion (SAG)** gegenüber Präparaten mit reduzierten Glutathion folgt ebenfalls aus der maskierenden Acetylierung: der Körper erkennt das reduzierte Glutathion-Molekül nicht unter der tarnenden Maskierung und setzt die körpereigene Biosynthese des natürlichen reduzierten Glutathions unvermindert fort.

Der Körper kann auch *sehr leicht* die „Entsorgung" der synthetischen Maskierung des natürlichen Glutathion-Moleküls vornehmen: in jeder Zelle des Körpers gibt es große Mengen von sogenannten „Esterasen", das sind Enzyme, die die synthetische Maskierung, die S-Acetyl-Gruppe, vom S-Acetyl-L-glutathion abspalten und ohne Nachteile für den Organismus biochemisch entsorgen.

Nach der enzymatischen Abtrennung der S-Acetyl-Gruppe kann das übrig gebliebene reduzierte Glutathion-Molekül problemlos in der Zelle wirken, den bestehenden Mangel an diesem lebensnotwendigen Antioxidans ausgleichen und unter anderem als vielseitiges Coenzym und Cofaktor wirksam werden.[1]

Dosierung von SAG

Zur *Vorbeugung* eines Mangels an reduziertem Glutathion (G-SH) ist es empfehlenswert *100 - 200 mg* S-Acetylglutathion pro Tag einzunehmen. (Bezogen auf ein durchschnittliches Körpergewicht von 70 kg.) Es sind Kapseln und Tabletten à 100 mg **SAG** erhältlich. Die *Behandlung eines bereits bestehenden Mangels* an reduziertem Glutathion sollte labormedizinisch begleitet werden. Die Erfahrung zeigt, dass sehr viele Menschen in unserer modernen Industriegesellschaft bereits einen erheblichen Mangel an reduziertem Glutathion haben. Wenn die Blutplasma-Konzentration an reduziertem Glutathion gering ist, d.h. wenn die Gefahr be-

---

[1] Reduziertes Glutathion ist ein Coenzym von 1. der Selen-abhängigen Peroxidase, 2. der Selen-unabhängigen Peroxidase, 3. den Glutathion-S-Transferasen. Außerdem ist reduziertes Glutathion Cofaktor von folgenden Enzymen: 1. Formaldehyd-Dehydrogenase, 2. Glyoxylase, 3. Maleylactoacetat-Isomerase, 4. Prostaglandin-Endoperoxidase-Isomerase.

steht, dass sich aufgrund des Mangels eine chronische Erkrankung entwickelt (oder bereits eine solche besteht), ist es ratsam, die **SAG**-Tagesdosis anfangs *sehr hoch* zu setzen.

In Abhängigkeit von der Schwere der Erkrankung sind häufig anfangs ***SAG****-Tagesdosierungen von* ***700 - 2.400 mg****, und nach genügend langer Einnahme* ***200 - 600 mg*** *nötig. (Bezogen auf ein durchschnittliches Körpergewicht von 70 kg.)*

Die exakte Dosierung sollte mit Messung der G-SH-Blutplasma-Konzentration sicher bestimmt und überprüft werden.

(Alle weiteren Informationen zu exakten Dosierungen in Abhängigkeit von der gemessenen G-SH-Blutplasma-Konzentration siehe in: Lorenz Geßwein, „Biologische Befreiung von Krebs“, Therapie- und Vorsorge-Teil.)

Mögliche Nebenwirkungen von längerer hoch dosierter SAG-Einnahme

Wenn **SAG** hoch dosiert eingenommen wird, besteht die Möglichkeit, dass bei längerer Einnahme ein Mangel an Spurenelementen entsteht. Zur Kontrolle eines Spurenelemente-Mangels kann die Bestimmung der Blutplasma-Konzentration von Selen und Zink verwendet werden. Sinkt die Selen- bzw. Zink-Blutplasma-Konzentration ab, sollte dieser Mangel durch Einnahme entsprechender Präparate ausgeglichen werden.

Außerdem kann es bei höherer **SAG**-Tagesdosis und längerer Einnahme im Zusammenwirken mit Wasserverlust (starkes Schwitzen bei sportlichen Tätigkeiten, übertriebener Alkoholgenuss, Einnahme von Diuretika bzw. Abführmitteln, u.a.) zu einem leichten Mangel an Kalium und Magnesium kommen. Auch hier ist es empfehlenswert, Kalium und Magnesium zu substituieren.

Bei Diabetikern kann es unter einer **SAG**-Therapie – insbesondere bei sportlicher Betätigung – durch eine Veränderung der Glucose- und Insulinrezeptoren an den Zellmembranen zu einer veränderten Glucose-Insulin-Kinetik kommen. Dieser Entwicklung kann durch entsprechende Kontrolluntersuchungen und Anpassungen der Insulin-Therapie entgegengewirkt werden.

2. Auffüllung des Selen-Speichers

Das lebensnotwendige Spurenelement *Selen* wird auch von der schulmedizinischen Onkologie zunehmend als wichtige Substanz für die Vorbeugung, Heilung und Nachsorge der Krebserkrankungen erkannt. Selen ist zentraler Bestandteil des antioxidativen Enzyms *Glutathion-Peroxidase*, das – im Gegensatz zu den antioxidativen Vitaminen A, C, E und Beta-Carotin – nach der oxidierenden Reaktion mit Freien Radikalen leichter wieder regeneriert wird.

Wenn eine ausreichende Menge Selen im menschlichen Organismus zur Verfügung steht, kann also das Enzym Glutathion-Peroxidase stets regeneriert werden. Und die regenerierte, also voll funktionsfähige Glutathion-Peroxidase hat für die biologische Vorbeugung, Behandlung und Nachsorge aller Tumorerkrankungen insofern eine hohe Bedeutung, als sie die inneren und äußeren Zellmembranen vor den gefährlichen Lipidperoxiden schützt, welche die Membranen oxidieren lassen, das heißt ihre optimale Funktion mindern oder sie sogar zerstören können.

Funktionsgestörte oder zerstörte Zellmembranen aber verhindern nicht mehr das Eindringen von direkt oder indirekt krebsauslösenden Substanzen in die inneren Strukturen der Zellen. Insofern ist das Selen-abhängige Enzym Glutathion-Peroxidase von hoher Bedeutung als Tumor vorbeugende und Krebs heilende Substanz.

Außerdem regeneriert die Selen-abhängige Glutathion-Peroxidase das vor Krebs schützende Vitamin C. **Ein Selen-Mangel ist auf Dauer ein Krebsrisiko!**

Die zweite Krebs vorbeugende und heilende Kraft des lebensnotwendigen Spurenelementes Selen beruht auf seiner starken Fähigkeit, die Sauerstoff-abhängige Zellatmung im Organismus auszugleichen und zu optimieren.

Und zuletzt beruht die vor Tumoren schützende und Krebs heilende Fähigkeit von Selen (aber auch von Schwefel) auf seiner Wirkung, tumorauslösende Schwermetalle wie Quecksilber, Cadmium und Blei durch Bildung von sehr stabilen organischen Komplexen (Chelate) gefahrlos aus dem Körper auszuscheiden.

So haben Selen und Schwefel eine sehr bedeutende Entgiftungsfunktion. [1]

Weitere wichtige Wirkungen des essentiellen Spurenelementes Selen, die meist indirekt bei der Vorbeugung und Heilung von Krebserkrankungen helfen, sind Aktivierung des Mikroblutkreislaufes, Optimierung von Stoffwechselprozessen in den Zellzwischenräumen, Stimulation des Immunsystems, Schutz vor hochreaktiven Sauerstoffverbindungen sowie allgemeine Entgiftung von Substanzen, welche die DNS (das Erbmolekül) des Zellkerns zum Tumorwachstum stimulieren.

Bei allen Menschen mit einer Tumorerkrankung kann ein erheblicher Mangel des lebensnotwendigen Spurenelementes Selen im Blutplasma oder -serum diagnostiziert werden. Ebenso wie reduziertes Glutathion muss Selen in der Regel in der Tumortherapie anfangs hoch dosiert werden, weil sonst der für die effektive Tumortherapie notwendige Selen-Blutplasma-Spiegel entweder sehr langsam oder gar nicht erreicht wird.

Ein optimaler Selen-Blutplasma-Spiegel ist nach einer genügenden Sättigung des Blutplasmas mit reduziertem Glutathion der

---

[1] *Tumorzellen haben oft eine stark erhöhte Konzentration von Schwermetallen.*

zweite Garant für das gute Gelingen einer biologischen Krebstherapie.

Die Bedeutung des Selens für die Tumortherapie beruht im Grunde darauf, dass es ein *Halbleiter* ist. Für biologische Organismen ist Selen in organischer Form deshalb ein ausgezeichnetes Medium für biologische Elektronenflüsse. Auch Germanium und Silizium werden manchmal wegen ihrer Eigenschaft als Halbleiter in der Tumortherapie genutzt, haben jedoch im Vergleich zu Selen entscheidende Nachteile: Silizium wirkt schwächer und Germanium kann giftig wirken.

Aufgrund der Tatsache, dass in Deutschland wegen der Selen-Verarmung der Böden ein relativer Selen-Notstand herrscht, kann Selen in der Regel über die Nahrung nur in geringen Mengen aufgenommen werden. Dies spiegelt sich in den durchschnittlichen Selen-Werten der Bevölkerung wider. Viele Frauen und Männer haben weniger als 100 ng Selen pro Milliliter (75 ng Selen pro Milliliter) Blut. Selten hat ein Erwachsener mehr als 120 ng/ml Selen im Blut. **Ein optimaler Selen-Plasma-Spiegel für tumorfreie Menschen liegt aber bei mindestens 180 ng/ml!**

Die „Norm"- (Referenz-) werte für Selen sind: 80 - 200 ng/ml, optimales Minimum als Vorsorge: 180 ng/ml.

Durch hoch dosierte Auffüllung sollte der Selen-Wert im Blutplasma bei **Tumorpatienten mit Tumorstadium I-II bzw. G1-G2** eine konstante Sättigung um ca. **250 ng/ml** erreichen. Bei **Tumorpatienten mit Tumorstadium III-IV bzw. G3-G4** sollte er eine konstante Sättigung um ca. **300 ng/ml** erreichen.

Die Frage nach der ausreichenden Selen-Tagesdosis bringt es mit sich, dass zwei Selen-Verbindungen zur Auswahl stehen: Natriumselenit und Selenomethionin/Selenocystein als Selenhefe.

Natriumselenit ist anorganisch und wird durch die Anwesenheit von *Vitamin C* in die biologisch inaktive, atomare Form des Selens überführt. *Deshalb ist die gleichzeitige Aufnahme von Vitamin C und Natriumselenit in gewisser Weise problematisch.* Außerdem besteht bei Natriumselenit die *Gefahr der Überdosierung*; es kann sich in der biologisch inaktiven, atomaren Form in der Leber anreichern und leberschädigend wirken. *Für Natriumselenit ist daher die intravenöse Verabreichung die Domäne der optimalen Anwendung.* Bei intravenöser Gabe wird Natriumselenit von den *Erythrozyten* (Roten Blutkörperchen) aufgenommen und enzymatisch zu Selenwasserstoff reduziert. Selenwasserstoff wiederum kann vom Organismus relativ einfach für die Synthese des lebensnotwendigen Enzyms Glutathionperoxidase verwendet werden.

Selenomethionin oder Selenocystein (Selenhefe) sind *organische Nahrungssubstanzen* und werden durch die *Anwesenheit von Vitamin C* in Mengen von 50 - 1000 mg pro Tag besser aufgenommen. Deshalb besteht hier die Problematik von Selen und Vitamin C nicht. Im Gegensatz zu Natriumselenit wird organisches Selen aber relativ langsam aufgenommen. Bei einer guten Tagesdosis von Selenomethionin oder Selenocystein als *Selenhefe* und gleichzeitiger Gabe von *Vitamin C in ausreichender Menge*, wird organisches Selen indessen dennoch so schnell und nebenwirkungsfrei in den Körper aufgenommen, *dass auch Tumorpatienten sehr gut mit überlebensnotwendigem Selen versorgt werden.*

Bei **Tumorstadium I-II bzw. G1-G2** und einem Selen-Wert unter 150 ng/ml sollten **täglich 600 µg** organisches Selen in Kapselform eingenommen werden. Nach 2 Monaten kann die Tagesdosis auf **300 µg** reduziert werden. Nach weiteren 2 Monaten kann der Selen-Blutplasma-Wert labordiagnostisch überprüft werden. (Also 4 Monate nach Beginn der Selen-Auffüllung.)

Bei **Tumor-Stadium III-IV bzw. G3-4** und stark erniedrigten Selen-Werten (unter 110 ng/ml), ist es notwendig, anfänglich **für eine Woche täglich 900 µg** organisches Selen einzunehmen. Danach sollten **täglich 600 µg** organisches Selen in Kapselform eingenommen werden. Nach 2 Monaten kann die Tagesdosis auf **300 µg** reduziert werden. Nach weiteren 2 Monaten kann der

Selen-Blutplasma-Wert labordiagnostisch überprüft werden. (Also ca. 4 Monate nach Beginn der Selen-Auffüllung.)

Wenn bei Tumorpatienten die Selen-Konzentration den notwendigen Stand von 250 – 300 ng/ml erreicht hat, ist es bei **Tumorstadium I-II bzw. G1-G2** meist ausreichend eine **Erhaltungs-Dosis von 50 – 150 μg** organischem Selen pro Tag einzunehmen. Bei **Tumorstadium III-IV bzw. G3-G4** ist eine **Erhaltungs-Dosis von 150 - 200 μg** organischem Selen pro Tag notwendig.

Zur Vorsorge von Tumorerkrankungen sollte man täglich **300 - 600 μg** organisches Selen für 1 - 2 Monate einnehmen. Diese kurmäßige Einnahme von Selenhefe sollte 1 - 2 Mal im Jahr durchgeführt werden.

Die richtige Einstellung der Erhaltungs-Dosis sollte immer mit labormedizinischer Kontrolle des Selen-Blutplasma-Spiegels im Abstand von 4 - 6 Monaten erfolgen. Denn es geschieht häufig, dass Patienten mit einer aktiven oder überstandenen Tumorerkrankung ohne Laborkontrolle täglich 50 - 100 μg Selen einnehmen, aber nach 1 - 2 Jahren der Einnahme trotzdem nur einen Selen-Blut-Plasma-Wert unter 110 ng/ml haben!

3. Auffüllung des Vitamin C-Speichers

Vitamin C (Ascorbinsäure) ist eine essentielle Substanz, *die vom menschlichen Körper nicht selbst gebildet werden kann*. Es ist ein wasserlösliches Vitamin, das aus der täglichen Nahrung in ausreichenden Mengen zwecks Erfüllung lebensnotwendiger physiologischer Funktionen in den Organismus eingebracht werden muss.

Aber auch für sein psychisches Wohlbefinden benötigt der Mensch dringend dieses Vitamin. (Die ersten Anzeichen eines gesundheitsgefährdenden Mangels an Vitamin C sind keineswegs durch Skorbut verursachte Blutungen, sondern Depressionen. Dies zeigt, wie stark Radikalfänger bzw. Antioxidantien auf die Psyche des Menschen Einfluss haben.)

Die Bedeutung von Vitamin C für den menschlichen Körper ist sehr hoch, weil viele biochemische Prozesse ohne dieses essentielle Vitamin nicht geordnet gelingen können. *Vitamin C ist das wichtigste Antioxidans im Zellzwischenraum und nach dem reduzierten Glutathion der potenteste und wichtigste Radikalfänger im menschlichen Körper.*

Vitamin C besitzt eine starke regulierende und ordnende Kraft für viele Stoffwechselvorgänge des menschlichen Körpers, es schützt eine ganze Reihe von Elektronen spendenden Radikalfängern und regeneriert ihre oxidationsschützende Fähigkeit – es ***schützt*** *beispielsweise die Vitamine A, E, B_1, B_2 und* ***regeneriert*** *die wichtigste Substanz des antioxidativen Systems, das reduzierte Glutathion, sowie Vitamin E, Coenzym Q 10 und das Herzstück des Tripeptids Glutathion, die schwefelhaltige Aminosäure Cystein.*

Die Tumor vorbeugende und Krebs heilende Wirkung des Vitamin C beruht auf folgenden Faktoren:

- Es regeneriert das Glutathion von Oxidation und unterstützt damit das potenteste körpereigene Biomolekül für alle geordneten Zellteilungsmechanismen.

- Es vermindert und zerstört giftige Substanzen im Darm, welche auf das Erbmolekül des Zellkerns tumorauslösend wirken können. Auch die krebsauslösende Nitrosaminbildung im Magen-Darm-Trakt wird durch Vitamin C verhindert.
- Es hält giftige Schwermetalle wie Quecksilber, Blei und Zinn in Lösung, so dass sie problemlos aus dem Körper ausgeschieden werden können. Vitamin C ist der wichtigste Schwermetall-Schutz im wässrigen System des Körpers.
- Die mindestens 63.000 m^2 große Fläche aller *Basalmembranen* im Körper eines erwachsenen Menschen ist ein riesiger dynamischer Vitamin C-Speicher. Wenn sich Tumorzellen der Basalmembran einer gesunden Zelle nähern und später destruktiv in die Zelle durchbrechen, ist in der Basalmembran der ehemals intakten Zelle aufgrund der hohen Radikalenproduktion von Tumorzellen histochemisch (gewebechemisch) kein Vitamin C mehr nachweisbar. *Vitamin C ist der wichtigste Radikalfänger in Basalmembranen. Und es ist charakteristisch für Tumorzellen, dass sie keine regelhafte Basalmembran haben.*
- Die riesige dynamische Vitamin C-Speicher Kapazität in der Gesamtfläche der Basalmembranen des menschlichen Körpers weist auf die sehr hohe Bedeutung dieses Antioxidans für die **Verhinderung von Metastasen**. Die allgemeine Auffassung von Medizinern, dass Vitamin C im menschlichen Körper nicht gespeichert werden kann und hohe Dosierungen deshalb unsinnig sind, geht völlig an der körpereigenen Realität vorbei. Der elektronenmikroskopische und histochemische Nachweis von Vitamin C in den Basalmembranen rechtfertigt – und erklärt auch teilweise – die üblichen Mega-Dosierungen von Ascorbinsäure oder Ascorbaten in der biologischen Krebstherapie (pro Tag bis zu 10 Gramm und mehr), wie sie beispielsweise von dem kanadischen Arzt Abram Hoffer in mehr als 45

Jahren bei mehr als 1.000 Patienten erfolgreich durchgeführt wurde. (Siehe Literaturverzeichnis, *Hoffer, A.*)

- Es schützt und entgiftet den Körper von schädlichen Substanzen, die durch Rauchen und Alkoholkonsum aufgenommen werden. Eine Zigarette verbraucht etwa 25 mg Vitamin C.
- Es schützt und regeneriert das vor Krebs schützende Vitamin E.
- Es hat eine stimulierende und ordnende Wirkung auf das Immunsystem.
- Es wirkt entzündungshemmend.

Weitere wichtige, lebensnotwendige Wirkungen des Vitamin C sind Förderung der Eiweißsynthese und Eisenaufnahme, Schutz und Funktionserhaltung der Blutgefäße (insbesondere der Kapillaren, der kleinsten Blutgefäße), Reduzierung der Wirkung von Stresshormonen, Unterstützung von Zahn-, Knochen- und Knorpelaufbau, Förderung von Wachstum und Wundheilung sowie Unterstützung des Stoffwechsels der essentiellen Fettsäuren.

Die allgemeinen Empfehlungen zur richtigen Tagesdosis von Vitamin C sind nach neuesten wissenschaftlichen Erkenntnissen viel zu niedrig berechnet, weil diese Empfehlungen die dynamischen Speicherkapazitäten des menschlichen Körpers für Vitamin C unberücksichtigt lassen. Repräsentative Messungen des Vitamin C im Blutplasma zeigen einen weit verbreiteten, erheblichen Mangel. (Daraus kann man auf einen gefährlichen Mangel im dynamischen, körpereigenen Vitamin C-Speicher des Körpers schließen.) Und auch die meisten Tumorpatienten haben trotz Vitamin C-Einnahme nach den allgemeinen Empfehlungen einen auf Dauer sicherlich lebensgefährlichen Mangel. Hier muss schnellstens gründlich umgedacht werden.

Die schulmedizinische Onkologie beginnt die große Bedeutung des Vitamin C für die Tumortherapie langsam zu verstehen.

Wie auch reduziertes Glutathion und Selen muss Vitamin C bei Tumorerkrankungen anfangs recht hoch dosiert werden, weil sonst der für die effektivste Tumortherapie notwendige Vitamin C-Blutplasma-Spiegel zu langsam erreicht wird.

Wie beschrieben, besitzt der menschliche Körper mit der Gesamtfläche seiner Basalmembranen einen riesigen, dynamischen Vitamin C-Speicher. Und es ist auch logisch, dass es für Vitamin C einen Speicher geben muss.

Der Physiologe und Biochemiker Prof. Hartmut Heine schreibt hierzu: „Wie die Befunde zeigen, kann Vitamin C offenbar in Basalmembranen für eine gewisse Zeit gespeichert werden. Ein Hinweis darauf ist die bei akutem Vitamin C-Mangel oft erst nach monatelanger Latenz sich entwickelnde Skorbuterkrankung. Die dabei auftretenden Schleimhautentzündungen, wie sie vor allem im Mundbereich charakteristisch sind, weisen darauf hin, dass das antioxidative Potential von Vitamin C nicht mehr ausreichend zur Verfügung steht. Reaktive Sauerstoffspezies (ROS) wie sie bei allen Redoxvorgängen (z.B. ATP-Synthese entlang der Atmungskette) entstehen, werden intrazellulär durch das reduktive System Vitamin C → Vitamin E → Glutathion → NADH abgefangen. Fehlt Vitamin C, kann sich dieses System nicht regenerieren.“ [1]

Bestimmte spirituelle, naturgesetzliche Prinzipien führen zu der Erkenntnis, dass es in biologischen Systemen (Pflanze, Tier und Mensch) von allen Radikalfängern natürliche dynamische Speicher geben muss, die mehr oder weniger groß sind. Diese Speicher sind aber beim Menschen der heutigen stresserfüllten Zeit oft schon in der Embryonalphase nicht ausreichend gefüllt.

Eine genügend hohe Auffüllung von Radikalfängern mit dem Ziel einer *Hochfüllung* dieser Speicher sollte als Gesundheitsvor-

---

[1] Hartmut Heine: *Die Bedeutung von Basalmembranen als dynamischer Speicher von Vitamin C;* in: *Journal für Orthomolekulare Medizin,* 4/03, Ralf Reglin Verlag, Köln, 2003.

sorge für das werdende Kind von allen Schwangeren bis zum Zeitpunkt der Geburt durchgeführt werden.

Ein ausreichender Vitamin C-Blutplasma-Spiegel ist nach einer genügenden Sättigung des Blutplasmas mit reduziertem Glutathion und Selen der dritte Garant für das gute Gelingen einer biologischen Krebstherapie.

Vitamin C ist zwar in vielen Obst- und Gemüsesorten enthalten, aber die Mengen sind aufgrund der meist nicht kontrolliert biologischen Anbauweise in der Regel sehr gering (in Lebensmitteln aus kontrolliert biologischem Anbau und Weiterverarbeitung ist meistens viel mehr Vitamin C enthalten). In Weißglas gelagerte Frucht- und Gemüsesäfte enthalten bei Verzehr in der Regel auch wenig Vitamin C (auch aus kontrolliert biologischem Anbau und Weiterverarbeitung), weil das Licht, welches durch das Weißglas in die Säfte eindringt, im Laufe der Lagerungszeit viel Vitamin C oxidiert (zerstört). Dieser Mangel spiegelt sich auch in den durchschnittlichen Vitamin C-Blutplasma-Werten der Bevölkerung wider. Viele der untersuchten Erwachsenen haben weniger als 10 µg Vitamin C pro Milliliter Blut! *Ein optimaler Vitamin C-Blutplasma-Spiegel liegt aber bei mindestens 20 µg/ml...*

Die „Norm"- (Referenz-) werte für Vitamin C sind 6 - 20 µg/ml, das optimale Minimum ist 20 µg/ml.

Der Vitamin C-Wert im Blutplasma oder -serum sollte bei ***Tumorpatienten 25 - 30 µg/ml*** *sein.*

Um eine optimale Sättigung mit Vitamin C im Blutplasma oder -serum zu erreichen, ist es in den modernen Industriegesellschaften nicht ausreichend, lediglich viel Vitamin C-haltiges Obst und Gemüse aus nicht kontrolliert biologischem Anbau zu verzehren. Wie erwähnt, ist darin relativ wenig Vitamin C enthalten, und alle stresserfüllten, oxidierenden Umwelteinflüsse zerstören zusätzlich viel Vitamin C.

So benötigt der durchschnittliche Erwachsene durchaus eine zusätzliche tägliche Vitamin C-Gabe von anfangs **4 - 6 g** – möglichst verteilt auf 2 - 3 Einnahmezeiten – beispielsweise morgens und nachmittags oder mittags und abends. Nach einigen Monaten mit dieser relativ hohen Dosierung kann die dauerhaft tägliche Einnahmemenge auf 2 - 4 g reduziert werden.

Die meisten ***Tumorpatienten****, die kein oder nicht ausreichend Vitamin C substituiert haben, weisen Vitamin C-Blutplasma-Konzentrationen unter 12 - 14 µg/ml auf und müssen (innerhalb der in diesem Buch skizzierten biologischen Krebstherapie) deshalb anfangs* ***täglich 5 - 7 g oder mehr*** *dieses lebensnotwendigen Vitamins in der Form des unten erwähnten Natrium-Ascorbat einnehmen.*[1]

Es stehen hauptsächlich zwei chemische Formen des Vitamin C für die Einnahme zur Verfügung: *Ascorbinsäure* (die sehr preisgünstig, aber auch sehr sauer ist [pH 2,1 - 2,6] und deshalb in größeren unverkapselten Mengen den Magen reizen kann) und *Natrium-Ascorbat*, das teurere, basische (pH 7 - 8) Salz der Ascorbinsäure. Sie haben im Organismus die gleiche biologische Wirkung. Die Einnahme von Natrium-Ascorbat ist bei einer Tagesdosis ab 1 - 2 Gramm sinnvoll.

Das Tumor-Stadium und Grading spielt bei der Substitution des Vitamin C keine bedeutende Rolle. Wenn bei Tumorpatienten der Vitamin C-Wert den notwendigen Stand von 25 - 30 µg/ml erreicht hat, ist in der Regel eine Erhaltungs-Dosis von 2 - 3 g Vitamin C pro Tag ausreichend.

Es sollte Standard sein, die richtige Einstellung der Erhaltungs-Dosis mit labormedizinischer Kontrolle des Vitamin C-Blutplasma oder -serum-Spiegels alle 4 - 6 Monate durchzuführen.[2]

---

[1] Der Körper scheidet natürlicherweise immer ca. 30 - 60 % des substituierten Natrium-Ascorbats oder der Ascorbinsäure über den Urin aus. Dieses Vitamin C im Harn schützt jedoch die ableitenden Harnwege vor Freien Radikalen.

[2] Eine sehr gute Darstellung des hohen, nebenwirkungs(armen)freien Nutzens der Vitamin C-Dauersubstitution bietet Laraine C. Abbey in „Vitamin C – ein Geschenk" (Journal für Orthomolekulare Medizin, 12; 2 [2004]).

Als leichte Nebenwirkungen einer individuell zu hoch dosierten Vitamin C-Einnahme können Blähungen oder Durchfälle auftreten. Diese sind aber harmlos und verschwinden sofort wieder, wenn man die tägliche Dosierung von Vitamin C senkt. Diese harmlosen und vorübergehenden Nebenwirkungen sind im Grunde positiv zu bewerten, da sie die individuelle, täglich notwendige Höchstdosis anzeigen.

Im Zusammenhang mit der hoch dosierten Auffüllung des menschlichen Vitamin C-Speichers ist es interessant, die von vielen Menschen leichtfertig akzeptierten Aufnahme-Empfehlungen der Deutschen Gesellschaft für Ernährung (DGE) kritisch zu beleuchten.

„Aufnahmeempfehlungen sind nämlich in hohem Maße politische Entscheidungen, da es letztlich eine Verpflichtung des jeweiligen Staates ist, dann diesen Bedarf auch in der Bevölkerung sicherzustellen. Zufuhrempfehlungen, gelegentlich auch Bedarf genannt, werden daher nach folgenden Gesichtspunkten festgelegt:

1. Empfehlungen sollten realisierbar sein, das heißt, sie müssen der Kaufkraft der jeweiligen Bevölkerung entsprechen. Die Bevölkerung muss die entsprechenden Nahrungsmittel auch erwerben können.
2. Die Empfehlungen dürfen nicht in einem unvereinbaren Gegensatz zu fest eingefahrenen Nahrungsgewohnheiten stehen.
3. Empfehlungen beziehen sich ausschließlich auf die Bedarfslage des *gesunden* Menschen, mit deren Deckung ein klinisch relevanter Mangel (z.B. Leistungsschwäche) ausgeschlossen sein soll.
4. Empfehlungen beziehen sich also definitionsgemäß nur auf **Gesunde** und auch hier nur auf Mengen, die ausreichen, um einen *klinisch* erkennbaren Mangel auszuschließen. Latente Mängel, die sich evtl. erst in

Jahren auswirken, werden definitionsgemäß nicht berücksichtigt.

5. Die Bedarfsempfehlungen, z.B. der Deutschen Gesellschaft für Ernährung (DGE), berücksichtigen bewusst *nicht* die protektiven und präventiv-medizinischen Wirkungen von Vitaminen. Gerade diese Wirkungen sind es jedoch, welche die Menschen, die ja *langfristig* gesund bleiben wollen, am meisten interessiert.

Nicht beachtet werden z.B. Rauchen, Alkoholmissbrauch, Älterwerden, Erkrankungen, Resorptions-, Verwertungs- und Depotbildungsstörungen, Abhängigkeit von Arzneimitteln.

Insbesondere werden definitionsgemäß physiologische Langzeiteffekte *nicht* berücksichtigt, wie die Stärkung des Immunsystems und die Vorbeugung degenerativer Prozesse, z.B. Alters- und Degenerationskrankheiten wie Herzerkrankungen, Krebs, Arthritis, Alzheimer, Osteoporose etc.“ [1]

---

[1] Dietl, H./ Ohlenschläger, G.: *Handbuch der Orthomolekularen Medizin – Prävention und Therapie durch körpereigene Substanzen*, 2., verbesserte Auflage, Karl F. Haug Verlag, Heidelberg, 2001, S. 40

4. Auffüllung des Melatonin-Speichers

Bei Krebserkrankungen ist naturgemäß auch oft das Nerven- und Hormonsystem mehr oder weniger schwer aus dem Gleichgewicht geraten, bei Belastungen durch Elektrosmog ist diese Störung ganz offensichtlich.

Wissenschaftliche Untersuchungen und jahrelange Erfahrungen mit Krebspatienten zeigen, dass in diesem Fall das tumorvorbeugende und auch Krebszellen zerstörende Hormon Melatonin dem Organismus in zu geringer Menge zur Verfügung steht. (Besonders bei Hirntumoren, den verschiedenen Blutkrebsen und hormonabhängigen Tumoren wie z.B. sehr viele Brustkrebse und auch Prostatakarzinome.)

Ein Mangel des aus der Aminosäure Tryptophan gebildeten Hormons Melatonin ist ab einem bestimmten Bereich ein Risikofaktor für Krebs, weil die Anpassung der Stoffwechselaktivität an die tages- und jahreszeitlichen Rhythmen dadurch schwer gestört wird.

Ein Melatonin-Mangel verhindert viele wichtige Funktionen des Organismus, was verständlicherweise auch immer zu einem Tumorwachstum führen kann. Ein erheblicher Mangel an Melatonin hat aber auch Schlafstörungen zur Folge – ein Phänomen, das bei vielen Krebspatienten in fortgeschrittenem Krankheitsstadium zwangsläufig auftritt...

Wie auch reduziertes Glutathion, Selen und Vitamin C muss Melatonin bei Tumorerkrankungen, die von einem erheblichen Meatoninmangel begleitet sind, anfänglich recht hoch dosiert werden.

Ein ausreichender Melatonin-Urin-Spiegel ist nach einer genügenden Sättigung des Blutplasmas mit reduziertem Glutathion, Selen und Vitamin C der vierte Garant für das gute Gelingen einer biologischen Krebstherapie.

Melatonin wird zwar ab einer Lichtintensität unter 2000 Lux bzw. Dunkelheit in der Epiphyse (Zirbeldrüse) physiologischerweise aus dem Neurotransmitter Serotonin und damit letztlich aus der Aminosäure Tryptophan produziert, und auch die basalgekörnten Zellen des Darmes haben die enzymatische Ausstattung zur Synthese von Melatonin aus Tryptophan, aber Elektrosmog blockiert mehr oder weniger stark die körpereigene Synthese von Melatonin. Tryptophanreiche Ernährung, wie z.B. Vollkornprodukte, Weizenkeime, Mandeln, Cashewnüsse und Sonnenblumenkerne kann die körpereigene Synthese von Melatonin zwar erleichtern, aber viele Menschen essen zu wenig von diesen Nahrungsmitteln. Auch die melatoninreichen Vollkorngetreide Hafer, Reis und Mais werden von vielen Menschen zu wenig gegessen.

Ein optimaler Melatonin-Urin-Spiegel (im Morgenharn, der mindestens den Zeitraum von 2 Uhr nachts bis morgens 6 Uhr abdeckt) ist aufgrund größerer individueller Unterschiede schwer bestimmbar, beträgt mindestens 50 - 100 pg/ml [= ng/l]!

Die „Norm“- (Referenz-) werte sind 3 - 300 pg/ml bzw. ng/l. Aufgrund der individuellen Unterschiede ist es schwierig, sich auf einen optimalen Melatonin-Urin-Spiegel bei ***Tumorpatienten*** festzulegen. Er sollte jedoch mindestens ***100 pg/ml bzw. ng/l*** und bei ***Patienten mit Hirntumoren*** oder ***einem hormonabhängigen Krebs 150 pg/ml bzw. ng/l*** *erreichen!*

Um die genügende Melatonin-Sättigung zu erreichen, sollten Tumorpatienten, deren Melatonin-Konzentration **unter 100 bzw. 150 pg/ml bzw. ng/l** liegt, anfangs täglich **9 - 12 mg** Melatonin **abends** in Kapselform (3 bzw. 5 mg pro Kapsel) einnehmen.

Wenn die erforderliche Melatonin-Sättigung erreicht ist, sollte eine Erhaltungs-Dosis von ***3 - 5 mg*** *täglich ausreichend sein.* (Melatonin ist als Monosubstanz in Kapseln zu 3 und 5 mg lieferbar. Siehe Anhang: Wichtige Produkt-Adressen.)

(Sehr wichtig: Melatonin wirkt nur optimal, wenn es abends eingenommen wird!)

Die richtige Einstellung der Erhaltungs-Dosis sollte immer mit labormedizinischer Kontrolle des Melatonin-Urin-Spiegels im Abstand von 4 - 6 Monaten erfolgen.

5. Weitere wichtige Antioxidantien

Um eine möglichst optimale Vorbeugung und Behandlung von Krebserkrankungen auf biologischem Wege zu erzielen, sind außer reduziertem Glutathion (SAG), Selen, Vitamin C und eventuell Melatonin noch ein paar weitere Antioxidantien wichtig. **Magnesium**, **Zink**, **Coenzym Q 10** und **Vitamin E** haben dabei folgende Bedeutungen:

Magnesium ist unter anderem für die (körpereigene) Biosynthese von reduziertem Glutathion unerlässlich. Und weil labormedizinische Untersuchungen bei modernen Menschen in der Regel einen erheblichen Magnesium-Mangel zeigen, sollten zur *Tumorvorbeugung und Krebsbehandlung* als Ergänzung anfangs täglich 1200 mg Magnesium für 2 Monate und anschließend täglich 300 - 600 mg eingenommen werden.

Zink ist unter anderem für die Regeneration des oxidierten Glutathions notwendig. Labormedizinische Untersuchungen zeigen in unserer Bevölkerung ebenfalls einen erheblichen Zinkmangel. Deshalb sollten *zur Tumorvorbeugung und Krebsbehandlung* als Ergänzung anfangs täglich 75 mg Zink für 2 Monate und anschließend täglich 25 - 50 mg eingenommen werden.

Zur *Vorbeugung* von Tumorerkrankungen kann auch **Coenzym Q 10** und **Vitamin E** eingenommen werden.

Coenzym Q 10 schützt die Zellmembranen vor den gefährlichen Lipidperoxidationen, ist unerlässlich für die Energiegewinnung in den Zellen, verbessert den Zellstoffwechsel und fördert die Entgiftung.

Labormedizinische Untersuchungen in repräsentativem Umfang ergaben beim modernen Menschen ebenfalls einen erheblichen Mangel an Coenzym Q 10 im Blutplasma. Deshalb ist es zur Tumorvorbeugung sinnvoll (falls man die Kosten tragen möchte oder kann), anfangs täglich 240 - 480 mg Coenzym *zu den Mahlzeiten* einzunehmen. Nach 2 - 4 Monaten kann die Tagesdosis auf 60 - 120 mg reduziert werden.

Vitamin E ergänzt Vitamin C in seiner Wirkung (und umgekehrt), unter anderem beim Schutz vor krebsauslösenden Substanzen wie Nitrat oder Nitrit, beim Abfangen von Freien Radikalen und bei der Entzündungshemmung. Vitamin E schützt auch die Zellmembranen und hilft bei rheumatischen Beschwerden.

Logischerweise zeigen repräsentative labormedizinische Untersuchungen des Blutplasma-Vitamin *E*-Spiegels in unserer Bevölkerung ebenfalls einen erheblichen Mangel. Deshalb ist es zur Krebsvorsorge sinnvoll, anfangs täglich 800 - 1300 mg (= 1.200 - 1.950 IE) Vitamin E aus natürlichen Quellen *zu den Mahlzeiten* einzunehmen. Nach 3 - 4 Monaten kann die Tagsdosis auf 400 - 900 mg (= 600 - 1.350 IE) reduziert werden.[1] *Es sollte beachtet werden, dass Vitamin E und Coenzym Q 10 nur bei der Vorbeu-*

---

[1] Wichtige Ausnahmen: Bei *rheumatischer Herzerkrankung* und *Herzschwäche* sollte mit niedrigen Dosierungen begonnen werden. Hier sollte man mit 80 - 130 mg (= 120 - 195 IE) pro Tag beginnen und schrittweise langsam steigern. Bei diesem Vorgehen kann man eine sichere tägliche Enddosis von 800 bis 1.200 IE (= ca. 530 - 800 mg) erreichen. Der Grund für dieses Vorgehen: Bei zu hoher Anfangsdosis kann die zunehmende Stärke des Herzschlages Schwierigkeiten bereiten.

gung von Tumorerkrankungen eine bedeutende Rolle spielen, nicht jedoch bei ihrer möglichst wirkungsvollen Behandlung.

In letzter Zeit machen hinsichtlich des Vitamin E verwirrende Gerüchte die Runde. Laut einer Studie soll regelmäßige Zufuhr von relativ wenig Vitamin E das Risiko bestimmter Erkrankungen erhöhen und letztlich lebensverkürzend wirken.

Dieses Studienergebnis wird sich genauso als Illusion erweisen wie die zwei Studien, die angeblich zeigten, dass die regelmäßige Einnahme von zuviel Beta-Carotin Lungenkrebs fördern kann. Der folgende Kommentar zu diesen beiden Studien zeigt, wie sehr sich Wissenschaftler täuschen können.

Ernsthafte Nebenwirkungen oder gar Gesundheitsschäden von regelmäßiger, hoch dosierter Einnahme bestimmter Antioxidantien können bei bestimmten Erkrankungen oder Patienten möglich sein. Wer gut informiert sein will, sollte das Buch von Felicitas Reglin „Was Sie schon immer über Vitalstoffe wissen wollten…" lesen. Der Kommentar zu den Beta-Carotin-Studien stammt aus diesem Buch (S. 72 -74):

„Zigarettenrauch ist eine der wichtigsten Quellen für zell- und erbgutschädigende freie Radikale. Um diese in ausreichendem Maße zu entgiften, müssen erhöhte Mengen an Antioxidantien, wie z.B. Vitamin C, E und ß-Carotin, im Körper verfügbar sein. Der gesteigerte Verbrauch an diesen Substanzen spiegelt sich beim Raucher in erniedrigten Plasma-Spiegeln an Antioxidantien, darunter auch ß-Carotin, wider. Diese Tatsache sowie die in zahlreichen Studien nachgewiesenen krebsschützenden Eigenschaften von ß-Carotin waren der Anlass, die Wirkung dieses Vitalstoffs im Hinblick auf die Entstehung von Lungenkrebs näher zu untersuchen. Dies geschah in zwei Studien an 18.000 bzw. 29.000 Asbestarbeitern und langjährigen Rauchern im Alter von 50 - 69 Jahren. Das Ergebnis: In beiden Studien wurde in den Gruppen, die ß-Carotin eingenommen hatten, eine leicht höhere Lungenkrebshäufigkeit registriert als in den Gruppen, die kein ß-Carotin erhalten hatten.

Seither sind die Stimmen, die Raucher vor ß-Carotin warnen, nicht mehr verstummt. Das Bundesinstitut für gesundheitlichen Verbraucherschutz und Veterinärmedizin (BGVV) gab Rauchern sogar die Empfehlung, auf ß-Carotin-haltige Nahrungsergänzungen und Vitalstoff-Produkte zu verzichten. Der Sinn einer solchen Empfehlung muss aber aus einer Vielzahl von Gründen in Zweifel gezogen werden. So gab es von Anfang an Wissenschaftler, die sich kritisch zum Ablauf und der Auswertung dieser Studien geäußert haben. Dies betraf z.B. die Auswahl der Studienteilnehmer, bei denen nicht überprüft worden war, ob sie zu Beginn überhaupt gesund waren oder ob nicht schon einige unerkannte Tumoren oder Krebsvorstufen in sich trugen, ein Faktor, der bei jahrzehntelangem Zigarettenkonsum hätte beachtet werden müssen.

Einige Fachleute stellten auch ernsthaft in Frage, dass sich Personen, die z.T. mehrere Jahrzehnte stark geraucht haben und davon zweifellos z.T. irreparable Vorschädigungen davongetragen haben, überhaupt als Teilnehmer für ein Projekt eignen, in dem die *vorbeugende* Wirkung einer Substanz überprüft werden soll. Ferner fand in der Gesamtauswertung z.B. die Zahl der gerauchten Zigaretten/Tag und weitere Risikofaktoren, wie Alkoholaufnahme, keine Berücksichtigung. So ergab interessanterweise die Teilanalyse einer der Studien bei Teilnehmern, die weniger als 1 Packung Zigaretten/Tag rauchten und wenig Alkohol tranken, unter ß-Carotin-Supplementation keinen signifikanten Anstieg des Lungenkrebsrisikos.

Als weiterer eklatanter Fehler, der bei der Studienanordnung ignoriert worden war, stellte sich heraus, dass in einer der Studien die Gruppe der Raucher und Trinker, denen ß-Carotin verabreicht worden war, ein Jahr länger geraucht hatten als die Vergleichsgruppe ohne ß-Carotin. Da die Häufigkeit von Lungenkrebs umso größer ist, je länger eine Person raucht, könnte auch hierin eine Erklärung für die Studienergebnisse liegen.

Insgesamt lassen diese mit zahlreichen Mängeln behafteten Studien sicherlich nicht die Aussage zu, dass ß-Carotin für Raucher gefährlich ist, sondern höchstens die Schlussfolgerung, dass die isolierte Aufnahme eines oder weniger Nährstoffe nicht ausreicht, um die komplexen Schadwirkungen jahrzehntelangen Rauchens oder eine Asbestexposition rückwirkend aufzuheben, und das auch noch, ohne dass das Rauchen aufgegeben wird. Um dies zu vollbringen, wäre wohl ein Wunder vonnöten. ß-Carotin ist aber ein lebenswichtiger Nährstoff, dessen Versorgung bei Rauchern und Nichtrauchern lebenslang optimal gedeckt sein sollte."

Aber auch das im *Curry* enthaltene Gewürz *Curcurma* besitzt eine sehr starke antioxidative Wirkung. Ebenso die im Kakao enthaltene Substanz *Theobromin* und das Polyphenol *Epigallocatechin gallate* (EGCG) im Grünen Tee.

(Wir möchten an diese Stelle darauf hinweisen, dass von allen Plantagenarbeitern jene auf konventionell betriebenen Kaffee-, Kakao- und Bananenplantagen die kürzeste Lebensdauer haben. Und zwar deshalb, weil beim *nicht-biologischen* Anbau von Kaffee, Kakao und Bananen extrem viele Schädlingsbekämpfungsgifte eingesetzt werden. Das zeigt wie wichtig der Verzehr von biologisch-ökologisch angebauten Nahrungsmitteln für die Gesundheit ist. Denn je mehr Giftstoffe in der Landwirtschaft verwendet werden, desto weniger Antioxidantien bzw. Radikalfänger enthalten die mit Giftstoffen behandelten Pflanzen: die Radikalfänger sind durch die Gifte selbst oxidiert, also für die Erhaltung der Gesundheit des menschlichen Organismus unbrauchbar geworden.)

Die zweite tragende Säule – Entsäuerung und Entschlackung des Körpergewebes

In der Naturheilkunde ist es unbestritten, dass die Verschlackung und Übersäuerung des Organismus eine Basis für die Entstehung chronischer Erkrankungen einschließlich Krebs ist.

Deshalb ist es auch nicht erstaunlich, dass bei den meisten Menschen in den modernen Industriegesellschaften Messungen des Blut-pH- oder Urin-pH-Wertes eine starke bis sehr starke Übersäuerung des Gewebes sichtbar machen.

Alle schwerwiegenden Erkrankungen einschließlich Tumoren haben zwar eine starke Übersäuerung des Gewebes als Grundlage; aber dennoch kann auch durch möglichst weitgehende Entsäuerung des Organismus nur selten eine grundlegende Heilung der leichten und mittelschweren Krebserkrankungen und kaum eine erstaunliche Lebensverlängerung bei den schweren und schwersten Tumorerkrankungen erreicht werden.

Eine grundlegende Heilung und bemerkenswerte Lebensverlängerung ist meistens nur möglich, wenn der bei allen Tumorerkrankungen zu diagnostizierende Mangel an reduziertem Glutathion durch Einnahme eines chemisch sehr stabilen pharmazeutischen Wirkstoffes mit reduziertem Glutathion – wie **SAG** – möglichst schnell wieder ausgeglichen wird.

Säuren entstehen durch einen Mangel an Vitalstoffen (Radikalfänger, Antioxidantien) in denaturierten Nahrungsmitteln, insbesondere Produkte mit Auszugsmehl und Fabrikzucker, aber auch durch übermäßige Zufuhr von tierischem Eiweiß.

Auch nicht-materielle Faktoren wie *psychischer Stress* können zu einer Verschlackung führen, weil psychischer Stress die verstärkte Ausschüttung von *Stresshormonen* (Katecholaminen) bewirkt, die starke *Säurebildner* sind.

Um chronische Erkrankungen einschließlich Krebs grundlegend auszuheilen und auch diesen Erkrankungen wirkungsvoll vorzu-

beugen, kommt ein guter, gewissenhafter Therapeut nicht umhin, den Körper des Patienten von der immer bestehenden Verschlackung und Übersäuerung möglichst weitgehend zu reinigen und zu befreien.

Die unbrauchbaren und schädlichen Säurereste des Körpers können hauptsächlich mit der körpereigenen Substanz *Natriumbicarbonat* (Natriumhydrogencarbonat) abgepuffert und damit der problemlosen Ausleitung zugeführt werden. Da aber bei vielen Menschen *durch übermäßigen Verzehr von säurehaltigen oder säurebildenden Nahrungsmitteln* die körpereigene Produktion von Natriumbicarbonat geschwächt oder erschöpft ist, steht dem Körper nicht mehr genügend Natriumbicarbonat als körpereigene basische Abpufferungs-Substanz zur Verfügung. Daher ist es unvermeidbar und therapeutisch sehr sinn- und wirkungsvoll, als physiologisches Abpufferungs- und Ausleitungstherapeutikum Natriumbicarbonat in angemessener Weise einzusetzen.

Bei allen Tumorpatienten sollten gleich zu Beginn der Therapie folgende Maßnahmen zur Entsäuerung und Entschlackung des erkrankten Gesamtorganismus vorgenommen werden:

- Verminderung des Verzehrs von tierischem Eiweiß, Fett (vor allen Dingen der stark oxidierenden Margarine) und Produkten mit Auszugsmehlen und Fabrikzucker; also möglichst oft oder dauerhaft fettreduzierte vegetarische Vollwertgerichte genießen, und zum Süßen möglichst weitgehend Vollrohrzucker, eingedickte Obstsäfte, Ahornsirup oder Honig verwenden. **Essen Sie möglichst viele Nahrungsmittel – oder wenigstens die Grundnahrungsmittel Backwaren, Milchprodukte, Kartoffeln, Reis und Müsli – aus kontrolliert biologischem Anbau.** Biogemüse ist unter anderem deshalb gesünder, weil es weniger Nitrat und viel mehr Antioxidantien enthält. Auch in Super-Märkten und großen Drogerie-Märkten gibt es inzwischen viele Nahrungsmittel aus kontrolliert biologischem Anbau zu teilweise sehr günstigen Preisen.

Alles läuft darauf hinaus, möglichst viele basische Nahrungsmittel oder solche im Säure-Basen-Gleichgewicht zu verzehren.

„Die basischen Lebensmittel enthalten Basenüberschüsse in Form von Mineralbasen. Dies sind Sauerstoffverbindungen verschiedener Elemente, wie Eisen, Kalium, Kupfer, Magnesium, Natrium, besonders Calcium.

Eine Gefahr des Basenüberschusses besteht nicht, da Basen ohne weiteres vom Körper ausgeschieden werden können." [1]

Die folgende Tabelle zeigt den pH-Wert verschiedener Nahrungsmittel, wobei +/- 0 bis - 4 *neutral* ist, unter - 4 *sauer* und über +1 *basisch*.

Gemüse:		**Mehl, Teigwaren, Körnerfrüchte:**	
Rosenkohl	-9,9	Reis, geschält	-39,1
Artischocke	-4,3	Roggenmehl, Auszug	-16,4
Erbsen, reif	-3,4	Graupen	-13,7
Wirsing, weiß	-0,6	Reis, naturbelassen	-12,5
Grünkohl im März	+0,2	Weizengrieß	-10,1
Grünkohl im Dez.	+4,0	Haferflocken	-9,2
Rotkraut	+6,3	Nudeln, weiß	-5,9
Rhabarber (Stängel)	+6,3	Grünkern, Suppengrieß	-4,6
Porreeknollen	+7,2	Reisstärke	-4,6
Brunnenkresse	+7,7	Buchweizengrütze	-3,7
Schnittlauch	+8,3	Weizenmehl, Auszug	-2,6
Schnittbohnen	+8,7	Nudeln, Vollkorn	-2,0
Porreeblätter	+11,2	Nudeln, Soja	-0,2
Sauerampfer	+11,5	Kartoffelstärke	+2,0
Brechbohnen, grün	+11,5	Linsen	+6,0

[1] Worlitschek, M.: *Die Praxis des Säuren-Basen-Haushaltes – Grundlagen und Therapie*, Karl F. Haug Verlag, Heidelberg, 4. überarb. Auflage, 2000, S.101

Spargel	+1,1
Zwiebel	+3,0
Blumenkohl	+3,1
Wirsing, grün	+4,5
Feldsalat	+4,8
Erbsen frisch	+5,1
Spinat, Ende März	+13,1
Sellerie	+13,3
Tomate	+13,6
Kopfsalat, frisch aus Freiland	+14,1
Endivie, frisch aus Freiland	+14,5
Löwenzahn	+22,7
Gurke, frisch aus Freiland	+31,5
Kartoffel, Wurzelgemüse	
Schwarzwurzeln	+1,5
Rettich, weiß, im Frühjahr	+3,1
Kohlrübe	+3,1
Kartoffel (mag. bon)	+4,7
Kartoffel (Blaublüher)	+8,1
Kohlrabi	+5,1
Meerrettich	+6,8
Karotte	+9,5
Rote Rüben, frisch	+11,3
Rettich, schwarz, im Sommer	+39,4
Früchte:	
Apfel, reif	+4,1
Johannisbeere, rot	+2,4
Johannisbeere, schw.	+6,1
Erdbeere	+3,1

Weiße Bohnen	+12,1
Soja-Mehl	+12,8
Soja-Granulat	+24,0
Soja-„Nüsse“	+26,5
Soja-Reinlecithin	+38,0
Bei Soja-Produkten gibt es, je nach Fertigungsart und dem Herkunftsland, große Qualitätsunterschiede.	
Milch und Milcherzeugnisse:	
Hartkäse	-18,1
Quark	-17,3
Sahne	-3,9
H-Milch	-1,0
Buttermilch	+1,3
Ziegenmilch	+2,4
Molke	+2,6
Schafmilch	+3,2
Kuhmilch (Vorzugsmilch)	+4,5
Brot und Zwieback:	
Schwarzbrot (Graubrot)	-17,0
Weißbrot	-10,0
Kommissbrot	-7,3
Zwieback, weiß	-6,5
Schrotbrot	-6,1
Vollkornbrot	-6,0
Vollwertbrot	-4,5
Knäckebrot (Schweden)	-3,7
Zwieback (Vollkorn)	-2,2
Vollkornknäcke (Schweden)	-0,5
Andere Eiweißträger:	
Schweinefleisch	-38,0
Kalbfleisch	-35,0

Birne	+3,2	Rindfleisch	-34,5
Kirsche, sauer	+3,5	Seefisch	-20,0
Kirsche, süß	+4,4	Süßwasserfisch	-11,8
Ananas	+4,6	Putenfleisch	-10,5
Datteln	+4,7	Steinpilze	+4,0
Banane, unreif	+4,8	Pfifferlinge	+4,5
Mirabellen	+4,9	Beim Hühnerei unterscheiden sich die Werte je nach Fütterung zwischen -18,0 bis -22,0 (Mittelwert -20,0).	
Zwetschgen	+4,9		
Himbeere	+5,1		
Heidelbeere	+5,3		
Pflaumen, süß	+5,8		
Pfirsich	+6,4	**Fette:**	
Aprikosen	+6,6	Margarine	-7,5
Preiselbeere	+7,0	Butter	-3,9
Brombeere	+7,2	Speiseöle sind von der Wertigkeit höchst unterschiedlich. Dabei liegen Raffinadeöle höher im Minus als erstgepresste Öle.	
Trauben, reif	+7,6		
Stachelbeere, reif	+7,7		
Korinthen	+8,2		
Apfelsinen	+9,2		
Zitrone	+9,9	**Nüsse:**	
Banane, reif	+10,1	Erdnüsse	-12,7
Mandarine	+11,5	Paranüsse	-8,8
Rosine	+15,1	Walnüsse	-8,0
Hagebutten	+15,5	Mandeln, süß	-0,6
Feigen, getrocknet	+27,5	Haselnüsse	-0,2
Dosenfrüchte (auch Selbst-Eingemachtes) weisen ernährungsphysiologisch starke Minuswerte auf. Tiefkühlobst wird durch den Kälteschock zwar wertgeschädigt, behält jedoch weitgehend Restwerte.		**Sonstige Säurebildner:** Alle Arten von Alkohol, wobei z.B. Schnaps höher im Minus liegt als Wein und Bier. Bohnenkaffee, schwarzer Tee, alle Marmeladen, Schokoladen-(Erzeugnisse) und alle Süßigkeiten mit Fabrikzucker	

Tab.4 (in: SANUM-Post, Nr. 27, 1994, SANUM-Kehlbeck GmbH & Co. KG, Hoya)

- Vermeidung der Kardinalfehler der Ernährungsweise nach Dr. med. F.X. Mayr:
  "Es wird zu schnell gegessen! Es wird zu viel gegessen! Es wird zu schwer gegessen! Es wird zu oft gegessen! Es wird zu spät gegessen! Es wird zu viel Eiweiß gegessen! Es wird zu trocken gelebt! Es wird ohne Fastenpausen gelebt!" [1]
  (Diese Kardinalfehler der Ernährungsweise werden auch in den asiatischen Heilkünsten als wichtige Krankheitsursachen beschrieben! Ein altes chinesisches Sprichwort sagt beispielsweise treffend: „Das Abendessen überlasse deinen Feinden.")

- Möglichst viel reines *warmes* Wasser *ohne* Kohlensäure trinken (täglich 1 - 2 Liter); d.h. *stilles* Qualitäts-Quellwasser bzw. gereinigtes, gefiltertes oder *vitalisiertes* Leitungswasser (es gibt verschiedene gleichwertige Möglichkeiten, die vielfach schlechte Qualität des Leitungswassers stark zu verbessern; siehe *Wichtige Produkt-Adressen* im Anhang). Die angegebene Wassermenge kann auch teilweise für dünne Kräutertees verwendet werden.

- Nicht Rauchen, wenig Alkohol und Kaffee trinken.

- Möglichst viel Bewegung im Freien; frische Luft und Sonne sollten möglichst täglich in Bewegung genossen werden, um die Kohlensäureausatmung über die Lungen als wichtiger Regulationsfaktor des Säure-Basen-Gleichgewichtes zu verstärken.

- 3 Tage lang bei jedem Urinieren mit Teststreifen den pH-Wert des Harns messen. (Teststreifen sind in Apotheken

---

[1] Worlitschek, M.: *Die Praxis des Säuren-Basen-Haushaltes – Grundlagen und Therapie*, Karl F. Haug Verlag, Heidelberg, 4. überarb. Auflage, 2000, S.97

erhältlich und liegen zwei auf dem Markt befindlichen Basenprodukten bei.)

Der pH-Wert wird sehr wahrscheinlich bei keiner durchgeführten Messung den idealen Wert von *6,8 - 7,1* (bei einer oder zwei Messungen am Tag bzw. beim zweiten Harnlassen morgens oder vormittags) erreicht haben, sodass ab dem 4. Tag mit der systematischen, konsequenten Entsäuerungs- und Ausleitungstherapie begonnen werden muss:

❖ Regelmäßige Einnahme von Basentabletten oder -pulver (beispielsweise einfache Natrontabletten, Bullrich's Vital®-Tabletten, Basica®, Kaiser-Natron® oder Alkala N®); die gute Dosierung kann dadurch überprüft werden, dass man jeden 2. Tag ganztägig seinen Urin-pH-Wert misst und so viel Basentabletten oder -pulver einnimmt, dass beim zweiten Harnlassen morgens oder vormittags (bzw. 1 - 2 x am Tag) der ideale pH-Wert von *6,8 - 7,1* erreicht wird; wenn der ideale Urin-pH-Wert *1 - 2* Wochen lang erreicht wird, können die Kontrollmessungen alle *4 - 5* Wochen erfolgen;

Achtung! Je länger diese Entsäuerungs-Therapie durchgeführt wird, desto schneller entsäuert und entschlackt sich der Körper! Deshalb ist nach einigen Monaten eine wöchentliche Messung des Urin-pH-Wertes notwendig, um möglichst zu vermeiden, dass sich man sich dem unerwünschten Zustand einer metabolischen *Alkalose* nähert. *(Auch die in diesem Buch empfohlene längerfristige hoch dosierte Vitamin C-Substitution mit dem basischen Salz der Ascorbinsäure – Natrium-Ascorbat – wirkt entsäuernd. Auch das muss bei der Einnahme von Natriumbicarbonat beachtet werden!)* Es sollte nach mehreren Monaten – oder vielleicht sogar einem Jahr – keine medikamentöse Entsäuerungs-Therapie mehr notwendig sein; Krebspatienten sollten sich so ernähren und so leben, dass sie möglichst weitgehend und dauerhaft den idealen, gesunden Zustand des Säure-Basen-Gleichgewichtes im Organismus behalten.

Wer wenig tierisches Eiweiß verzehrt, sich mit Fettverzehr (vor allen Dingen *Margarine* als starker Elektronenräuber) zurückhält, wenig Alkohol und Kaffee trinkt, vorwiegend naturbelassene, vollwertige Nahrungsmittel genießt und sich genügend an der frischen Luft bewegt, braucht sich nach grundlegender Entsäuerungs-Therapie um seinen Säure-Basen-Haushalt nicht mehr zu kümmern! Wessen Körper sich weitgehend im Säure-Basen-Gleichgewicht befindet, wird viel mehr Vitalität und Lebensfreude genießen können!

- Regelmäßig eine möglichst wirkungsvolle Methode der Stressreduzierung anwenden! Dazu zählen Autogenes Training, die äußerst effektive Transzendentale Meditation (TM), die Blüten-Heilweise nach Edward Bach und Jin Shin Jyutsu®. Stressreduzierung ist insofern sehr wichtig, weil psychischer Stress die verstärkte Ausschüttung von *Stresshormonen* (Katecholaminen) bewirkt, die starke *Säurebildner* sind.

- Entsäuerung über die Haut durch Wasseranwendungen, Trockenbürsten, Schwitzen usw.

- *Eventuell* Darmreinigungskuren nach Dr. med. F.X. Mayr, die Milde Ableitungskur nach Dr. med. E. Rauch oder die Hydro-Colon-Therapie.

- Alle diese Maßnahmen zur Entsäuerung und Entschlackung des Organismus sollten möglichst lange und konsequent durchgeführt werden.

Außer diesen grundlegenden Maßnahmen zur Ausleitung von Schlacken und Säuren und dem weiter oben beschriebenen biologischen Ausgleich des Mangels an reduziertem Glutathion, Selen, Vitamin C, Magnesium und Zink, empfiehlt es sich bei allen Tumorerkrankungen, zusätzlich einige wenige Naturheilmittel einzusetzen, mit denen gute Erfahrungen für die allgemeine Entschlackung des chronisch erkrankten Organismus gemacht wurden.

1. *Exmykehl D 3*: 1 Zäpfchen abends vor dem Schlafengehen für 30 - 60 Tage gleich zu Beginn der Ausleitungs-Therapie (isopathisches Präparat der Fa. Sanum zur physiologischen Ausleitung parasitärer Pilzformen)
2. *Flor*-Essence*-Kräuterteemischung oder *Essiac*® (in Österreich): 2 - 3 x täglich 2 Esslöffel (30 ml) morgens nüchtern und vor dem Schlafengehen. (Kräutermischung zur Blut- und Säftereinigung, auch speziell bei Krebs. Entwickelt von kanadischen Indianern; muss selbst aus gelieferten Kräutern hergestellt werden. – Siehe Anhang: *Wichtige Produkt-Adressen.*) **Und/oder:**
3. *Effektive Mikroorganismen*: 2x täglich 20 - 30 Tropfen morgens nüchtern und vor dem Schlafengehen. (Biologisch aus Pflanzen hergestellte Mikroorganismen – konzentrische Hefe- und Sauerkeime –, die sich im Organismus stark vermehren und dabei auf unschädliche Weise Gifte und Schlacken mikrobiologisch abbauen. Siehe Anhang: *Wichtige Produkt-Adressen.*)

Flor-Essence* bzw. *Essiac*® und/oder *Effektive Mikroorganismen* sollten mindestens ein halbes Jahr lang eingenommen werden; sie wirken intensiv blut- und säftereinigend und unterstützen damit die Verbesserung und Harmonisierung des biologischen

Elektronenflusses. Flor*-Essence bzw. Essiac® ist auch besonders bei *metastasierenden Krebserkrankungen* hilfreich.

Zusätzlich können jeweils individuell verordnete homöopathische Einzel- und Komplexmittel, isopathische Mittel (einschließlich dunkelfeldmikroskopischer Untersuchung des Nativblutes), Schüßler-Salze, Heilpilze sowie gezielte Enzymtherapie eingesetzt werden.

Die dritte tragende Säule – psychologische Arbeit mit der Bach-Blütentherapie®

In der traditionellen fernöstlichen Medizin werden schwerwiegende Erkrankungen aller Art einschließlich Krebs „Anhäufer-Störungen“ genannt, weil sie durch Anhäufung von gestauter oder disharmonisch fließender Lebenskraft (Stress-Anhäufung), giftigen Substanzen sowie Sorgen und Ängsten entstehen. *Sorgen* und *Ängste* sind die psychische Ursache für Anhäufer-Störungen.

Zur psychologischen Behandlung von Sorgen und Ängsten ist unter anderem die von dem englischen Arzt Dr. Edward Bach (1886 - 1936) entwickelte Bach-Blütentherapie® sehr hilfreich. Dr. Bach entwickelte 38 Blüten-Essenzen, durch deren regelmäßige Einnahme die 38 von ihm entdeckten negativen Gemütszustände harmonisiert werden. So wird beispielsweise aus *Ungeduld* geduldige Stärke, aus *Ängstlichkeit* furchtlose Standfestigkeit und aus *Sorgen* fröhlicher Frieden. Die Bach-Blütenessenzen werden vorwiegend in England in der freien Natur hergestellt und sind in Deutschland, Österreich und der Schweiz über jede Apotheke preisgünstig zu beziehen. In Deutschland besitzen recht viele Menschen alle 38 Konzentrate der Bach-Blütenessenzen und stellen gerne oft kostenfrei spezielle Mischungen für den Freundes- und Bekanntenkreis her.

Sorgen und Ängste sind die tieferen psychologischen Ursachen aller Krebs- (Tumor-) Erkrankungen, sie sind deren psychologische Wurzeln. Und als unvermeidliche Folgen von Sorgen und Ängsten entstehen weitere negative psychologische Einstellungen, sodass insgesamt *13 negative Gemütszustände in krebskranken Menschen belastend aktiv sein können.*

(In der folgenden Kurzbeschreibung werden die englischen Namen der Pflanzen genannt, deren Blüten zur Herstellung der speziellen Blütenessenzen benutzt werden.)

1. ***Rock Rose**: Panik oder Todesangst;*
2. ***Mimulus**: Ängste und Befürchtungen vor bestimmten Dingen und Situationen; große Sensibilität*
3. ***Cherry Plum**: lebensüberdrüssige Verzweiflungsangst; Verlangen nach einer anderen Lebensdimension als der so leidvoll empfundenen irdischen Existenzebene; eventuell Selbstmordgedanken*
4. ***Aspen**: vage, unbestimmte Ängste und unheilvolle Vorahnungen*
5. ***Red Chestnut**: Ängste um das Wohlergehen und die Gesundheit anderer Lebewesen*
6. ***Agrimony**: oberflächliche Fröhlichkeit und Witzigkeit, die innere Sorgen verbergen und unterdrücken; Neigung zu Unmäßigkeiten und Süchten, um die innere Unruhe und Rastlosigkeit zu beruhigen*
7. ***Water Violet**: Absonderung von anderen Wesen, Leben in der egoistischen Isolation; Stolz, Reserviertheit; Trennung von der harmonischen Ganzheit*
8. ***Impatiens**: ungeduldige Reizbarkeit, hektische Lebensweise; unruhiges Verlangen nach neuen Sinnesreizen*
9. ***Heather**: Egozentrik; aufgeregte Selbstbezogenheit; meistens unwiderstehliches Bedürfnis, die als übermäßig bedeutsam wahrgenommenen Erfahrungen und Probleme auf geschwätzige Weise zu äußern*
10. ***Centaury**: übertriebene Gutmütigkeit und übermäßiges Verlangen, anderen Wesen zu helfen*
11. ***Walnut**: phasenweise Neigung, sich durch fremde Einflüsse und Ideen von den eigenen Idealen und festen Lebenszielen ablenken zu lassen*
12. ***Holly**: zeitweise negative Gefühle und Gedanken wie Ärger, Zorn, Hass, Neid, Eifersucht, Rachsucht und Verdächtigung, die letztlich alle zu Unglücklichsein und Verzweiflung führen*

13. ***Cerato**: mangelnde Intuition; aus Rat- und Hilflosigkeit lässt man sich durch die Beratungen anderer fehlleiten, geht Modeströmungen nach, unterliegt leicht psychischem Gruppendruck und hat deshalb zu wenig Instinkt und Intuition*

Eine Auswahl dieser wesentlichen 13 negativen Gemütszustände ist – mit eventuell Weiteren – bei jedem krebskranken Menschen behandlungsbedürftig aktiv und sollte zusammen mit einem in der Bach-Blütentherapie® versierten Menschen herausgefunden werden. Individuell ausgewählte Kombinationen der Heilmittel Dr. Bachs sollten krebskranke Menschen über mindestens 9 Monate regelmäßig einnehmen. (Weiterführende Literatur zur Bach-Blütentherapie® siehe im *Anhang: Weiterführende Literatur.*)

Die vierte tragende Säule – Vermeidung und Beseitigung der äußeren Krebsursache

Die zentrale Frage, die sich bei jeder Tumorerkrankung erhebt, ist: welche einzelnen Dinge im Lebensstil eines krebskranken Menschen haben im Laufe der Zeit seine schwere Krankheit verursacht und erhalten sie weiter aufrecht? Es muss im individuellen Fall herausgefunden werden, welche einzelnen Faktoren einer wirklichen Heilung im Wege stehen und wie diese Krebs auslösenden Hindernisse sicher beseitigt werden können. Ohne die individuelle Erforschung und Beseitigung der Ursachen kann logischerweise keine Heilung erwartet werden!

Ohne Entfernung der Wurzeln wächst Unkraut wieder nach. Und wenn die Wurzeln weiter gewässert werden, indem man die Ursachen unbewusst weiter hegt, werden viele Heilkräfte vergeblich verbraucht und vergeudet.

Die Wurzeln jeder Krebserkrankung sind in den östlichen Heilkünsten schon vor einigen tausend Jahren erkannt und erfolgreich behandelt worden. Und dieses uralte Wissen kann für die westliche Zivilisation lebensrettend sein! Der moderne Mensch ist durch seine Lebensweise an einen tödlichen Abgrund gelangt, wo er jede rettende Hand sofort ergreifen sollte.

Im Folgenden sind die einzelnen möglichen Ursachen – die Krebs nährenden Wurzeln – aufgelistet, wie sie in der fernöstlichen traditionellen Medizin erkannt wurden.

- ***Sorgen, Ängste und Gereiztheit***
  Diese negativen psychischen Einstellungen und ihre Folgen sind die psychologischen Wurzeln jeder Krebserkrankung. Auf ihre Harmonisierung und Überwindung muss in jeder seriösen Tumortherapie sehr geachtet werden. In

dieser psychologisch-biologischen Krebsheilweise wird die Behandlung dieser negativen psychischen Einstellungen vorwiegend mit der sehr bekannten und erfolgreichen Bach-Blütentherapie betrieben. Aber auch andere Mittel und Methoden können durchaus erfolgreich sein – beispielsweise Transzendentale Meditation (TM), Systemische Familientherapie, Jin Shin Jyutsu® und energetische Verfahren wie Klopfakupressur.

- ***Nervlicher Stress und Hektik***
  Vermeiden Sie Stress und Hektik so gut es geht; nehmen Sie gegebenenfalls regelmäßig die Bach-Blüten-Essenzen von Impatiens, Cherry Plum oder Elm bzw. eine individuell für sie zugeschnittene Kombination von Bach-Blüten-Essenzen. Praktizieren Sie regelmäßig eine effektive Entspannungstechnik wie Autogenes Training, Transzendentale Meditation – TM – oder Jin Shin Jyutsu®!

- ***Physische Erschöpfung und Überarbeitung infolge Schlafmangel und mangelnder Ruhephasen***
  Vermeiden Sie unbedingt diese auf Dauer sehr belastenden Stressfaktoren.

- ***Reizüberflutung der Sinnesorgane***
  Vermeiden Sie so weit wie es geht eine längere übermäßige Belastung Ihres Nervensystems mit Lärm und zu vielen und heftigen optischen Reizen.

- ***Einnahme von Arzneien mit schädlichen, toxischen Nebenwirkungen***
  Vermeiden Sie diese Substanzen so weit wie es geht; vor allen Dingen *Antibiotika* sollten nur in wirklichen Notfällen eingenommen werden, wenn eine *bakterielle Erkrankung lebensgefährlich* werden kann; alle *Amalgamfüllungen* der Zähne müssen sorgfältig und fachgerecht entfernt werden;

da *Fluor* ab einer bestimmten Dosis ein Zellgift ist, sollten keine *fluorhaltigen Zahnpasten* verwendet werden; wurzelbehandelte *(tote) Zähne*, die als Störfeld wirken müssen gezogen werden; gehen Sie in diesen wichtigen Dingen keine Kompromisse ein; werden Sie *furchtlos impfkritisch*!

❖ ***Drogenkonsum aller Art***
Werden Sie *Nichtraucher*, falls Sie es noch nicht sind! Vermeiden Sie Drogenkonsum jeglicher gefährlicher Art; trinken Sie wenig Alkohol und möglichst wenig Kaffee.

❖ ***Übermäßige oder mangelnde Sexualbetätigung***
Suchen Sie in diesen Dingen nach dem rechten Maß.

❖ ***Zu häufiger und großer Verzehr von denaturierten Nahrungsmitteln, tierischem Eiweiß und Fett*** (und überhaupt Unmäßigkeit im Essen, die zu Übersäuerung des Körpers führt)
Siehe hierzu den Abschnitt „Die zweite tragende Säule – Entsäuerung und Entschlackung des Organismus".

❖ ***Zu häufige, lange und intensive Wirkung von „Stress durch Strom und Strahlung" (Elektrosmog): z.B. Magnetfelder, Mobilfunk, und Radioaktivität***
Grundlegende Ratschläge: Der *Schlaf* muss frei von elektrischen und elektromagnetischen Einflüssen sein, das heißt, keine Lampe und kein elektrisches Gerät darf in der Nähe der schlafenden Person Stromzufuhr haben. Also: *alle Stecker in der Nähe des Schlafplatzes aus der Steckdose ziehen*, wenn Sie schlafen oder auch nur ruhen wollen. Oder als noch bessere, umfassendere Maßnahme: *Strom-Sicherung* für den Schlafbereich ausschalten, wenn Sie schlafen wollen; oder *Netzfreischalter* für den Schlafbe-

reich einbauen lassen. (Erhältlich in Fachgeschäften und Baumärkten.)

Radiowecker sind in Körpernähe wegen ihres starken elektromagnetischen Feldes gefährlich.

Auf Dauer sollten zur *Bedienung von Computern keine Tastaturen und „Mäuse" verwendet werden, die schnurlos, also mit Funk* arbeiten.

Auch *Babyphone* zur Überwachung von Säuglingen und Kleinkindern sind aus diesem Grunde auf Dauer sehr gefährlich.

Mikrowellenherde sollten nicht benutzt werden, weil sie Enzyme und andere gesundheitsnotwendige Nahrungsbestandteile zerstören.

„Mehr als 40 internationale Forschungen geben bereits Hinweise auf biologische Probleme durch Mobilfunkstrahlen von Sendeanlagen, z.B. Erbgutveränderungen beim Menschen, Hirnschäden bei Tieren und Krebs bei Mäusen. Tierärzte untersuchten mehrere Bauernhöfe in Bayern und Hessen, und zwar Höfe mit Mobilfunkbelastung und ohne. Auf den Höfen mit Sendeanlagen in der Nähe gab es eindeutig mehr Missbildungen, und die Tiere verhielten sich völlig anders. Die Studie im Auftrag des bayerischen Umweltministeriums bestätigt einige vorausgegangene, bei denen im Mobilfunkeinfluss ebenfalls Missbildungen, Verhaltensstörungen, Fehlgeburten und die Verringerung der Milchleistung festgestellt wurden. Es melden sich immer Landwirte und bestätigen die Beobachtung: Mit dem Aufbau neuer Mobilfunksender in der Nähe ihrer Höfe kamen auffällig zeitgleich auch die Probleme beim Vieh." (*ARD-Fernsehmagazin „Report", 21. August 2000*)

„Beeinträchtigungen des Immunsystems sind vielfach nachgewiesen. Es ist nicht auszuschließen, dass Mobilfunkfelder krebsfördende Wirkung haben, also dass sich Krebs im Einfluss der Felder schneller entwickelt und fataler verläuft als normal. Es wurde nachgewiesen, dass vermehrt Stresshormone ausgeschüttet werden mit allen Konsequenzen, die das haben kann. Es gibt Störungen sehr vieler Zellfunktionen, was besonders bedenklich stimmt. Die Auswirkungen, die das alles auf den Organismus hat, können wir noch gar nicht abschätzen." (*Ecolog-Institut, Dr. H.P. Neitzke, umfangreichste Risikobewertung weltweiter Forschungsergebnisse im Auftrag der Telekom, ARD „Plusminus", Mai 2001*)

„Zur Unterstützung der Tatsache gesundheitsschädlicher Auswirkungen von Mikrowellen, wie sie heute speziell beim Mobilfunk benutzt werden, sollten wir uns an folgendes Ereignis erinnern: Während des ‚Kalten Krieges' in den 50er und 60er Jahren war die Mikrowellenbestrahlung westlicher Botschaften in Moskau, die durch die Sowjetunion mit der erklärten Absicht durchgeführt wurde, Gesundheitsschäden zu verursachen, sehr erfolgreich. Die hierfür eingesetzten Mikrowellenstärken lagen zwischen der eines Handys und einer Basisstation." (*Prof. J.G. Hyland, Institut für Physik, University of Warwick, 2001*)

„Bei unseren Forschungen haben wir menschliches Blut in Reagenzgläsern mit Mikrowellen bestrahlt, die ähnlich denen der Handystrahlung sind. Es zeigte sich, dass sich unter dem Feldeinfluss die Zellkerne spalten. Es gibt Beweise für Schäden durch Mobilfunk. Dabei geht es nicht nur um Hirntumore, Blutveränderungen und Krebs, sondern auch um genetische Störungen und andere Probleme. Wenn wir jetzt keine umfassenden Forschungen anstellen und die Augen verschließen, dann wird das nichts bringen. Dann erweckt man nur den Eindruck, dass man Tote zählen will, bevor man handelt. Mit den vielen Informationen, die wir zum jetzigen Zeitpunkt in der Hand haben, ist Entwarnung absolut unhaltbar." (*Dr. George Carlo, Medizin-Physiker und Leiter einer im Auftrag der US-Mobilfunkindustrie durchgeführten 27-Millionen-Dollar-Studie, 1999*)

„Toxische Belastungen gehören zu den häufigsten Ursachen von Krankheit und eingeschränkter Heilung. Neben den Giften bereiten uns zunehmend physikalische Energien große Sorgen, wobei die elektromagnetische Belastung der Umwelt die signifikanteste Form ist, die der Mensch in diesem Jahrhundert hervorgebracht hat. Sie ist besonders gefährlich. Toxine, egal ob stofflich oder energetisch, können die DNA schädigen, die Abwehrkräfte schwächen und die Entwicklung von Krebs und anderen Krankheiten fördern. Bemerkenswert ist die Trägheit, mit der Mediziner und Wissenschaftler Interesse für diese Thematik entwickeln. Hier droht eine der größten Gefahren für die Gesundheit und das Wohlergehen der heutigen Welt." (*Prof. Andrew Weil, Mediziner und Pharmakologe, Harvard University, 1995*)

Handys und *Schnurlose Telefone mit DECT-Standard* – niederfrequent gepulste Strahlung –, aber auch „*wireless bluetooth*" sind auf Dauer eine *höchst risikoreiche Krebsursache*! ***Das belegen alle naturwissenschaftlichen Studien, die meistens im Auftrag von Telefongesellschaften durchgeführt wurden! Vermeiden Sie also die Benutzung der gefährlichen Mobilfunktechnologie. Denken Sie an die Zeit Ihres Lebens, in der Sie auch ohne ein Handy glücklich gelebt haben...***

Federkern-Matratzen sind meistens magnetostatisch aufgeladen und deshalb als Schlafunterlage nicht geeignet. *Lautsprecherboxen* sind immer magnetostatisch geladen und sollten nicht in Bettnähe stehen. Batteriebetriebene *Wecker mit Sekundenanzeiger* sollten mindestens 30 cm Abstand zum Körper haben.

❖ ***Durch den Lebensstil bedingte Einwirkung und Aufnahme zu großer Mengen von Schadstoffen aus der Umwelt***

Die größten Schadstoffquellen liegen oft in der eigenen Wohnung. Auch deshalb ist es für krebskranke Menschen notwendig, einen ausgebildeten und erfahrenen Baubiologen (also einen Messtechniker im biologischen Bereich) kommen zu lassen, der das häusliche Umfeld nicht nur auf Elektrosmog, sondern auch auf mögliche krebsauslösende

Schadstoffbelastungen untersucht. Durchlüften Sie Ihre Wohnräume so häufig wie möglich!

Schlafen Sie nie bei geschlossenem Fenster! Es sei denn, dass es kurzzeitig zu laut ist oder die Außentemperatur sehr niedrig... *Wenn Sie ohne ausreichende Frischluftzufuhr schlafen, sind morgens direkt nach dem Aufstehen in ihrem Schlafzimmer* ***Kohlendioxidwerte*** *in einem Bereich zu messen, der weit oberhalb des US-Grenzwertes für Arbeitsplätze liegt!*

❖ ***Einwirkung von Schimmelpilzen und Mykotoxinen***
Verzehren Sie niemals angeschimmelte Nahrungsmittel! Sanieren Sie fachgerecht verpilzte Stellen an den Wänden!

❖ ***Einverleibung zu großer Mengen von energievermindertem Wasser und Flüssigkeiten*** (Mangel an hochwertigem Wasser und Flüssigkeiten.)
Möglichst viel reines *warmes* Wasser *ohne* Kohlensäure trinken (täglich 1 - 2 Liter); d.h. *stilles* Qualitäts-Quellwasser oder *vitalisiertes* Leitungswasser; die angegebene Wassermenge kann auch teilweise für dünne Kräutertees verwendet werden.

❖ ***Mangelnde Bewegung an der frischen lichterfüllten Luft (Mangel an hochwertigem Sauerstoff und Biophotonen)*** Bewegen Sie sich so oft wie möglich an der frischen lichterfüllten Luft! Bewegung, Licht und Luft stärken Ihr Immunsystem und den lebensnotwendigen Blut- und Säftekreislauf. Vorbeugung, Heilung und Nachsorge der Tumorerkrankungen werden dadurch wesentlich leichter!

Eine effektive und zeitsparende Möglichkeit, den Blut- und Lymphfluss (Entgiftung) durch ausreichende Bewegung zu aktivieren, ist das tägliche Training auf dem Trimilin®. Täglich sind mindestens 7 Minuten Training notwendig.

❖ ***Exzessive sportliche Betätigung (zu lange währende körperliche Überanstrengung)***
Lang währender *Bewegungsmangel* kann alle chronischen Erkrankungen und Krebs mit verursachen. Ebenso kann aber auch das Gegenteil, lange währende körperliche *Überanstrengung* und *Hochleistungssport*, diese schweren körperlichen Störungen mit auslösen.

Diese Auflistung der Krebsursachen muss von jedem Therapeuten und Patienten sorgfältig daraufhin überprüft werden, welche krebsauslösenden Faktoren im individuellen Fall eine Rolle spielen. Nach Erkenntnis der Ursachen muss eine möglichst gründliche und schnelle Vermeidung und Beseitigung erfolgen – das ist wie gesagt eine wesentliche Grundlage jeder seriösen Tumortherapie!

Sie können versichert sein, dass die konsequente Vermeidung und Beseitigung der Krebsursachen Sie auf Dauer vitaler, gesünder und glücklicher machen wird!

Bedenken Sie: es gibt Naturvölker oder Natur-Volksstämme, die völlig gesund leben und sich dabei viel mehr ihres Lebens freuen als die gestressten, stets von äußeren Freuden abhängigen Menschen der modernen Industrienationen!

Die modernen Ursachen der Krebserkrankung sind so schwer, tief und mannigfach, dass mit natürlich-logischer Konsequenz auch die Zahl der betroffenen Menschen und die Zahl der schweren und schwersten Tumorerkrankungen sehr viel größer ist als noch vor 20 oder 30 Jahren; aber auch in den nächsten 2 - 5 Jahren noch einmal deutlich zunehmen wird.

Und es ist einfach *absurd*, den Krebs-Gentherapie-Verheißungen verblendeter Wissenschaftler auch nur die geringste Chance zu geben.

Die vor sechs bis dreizehn Jahren ausgerufenen Warnungen des Biochemikers Erwin Chargaff und anderer aufrechter, seriöser Wissenschaftler, dass die Gentechnik eine teure Illusion ist, hat sich in der Landwirtschaft bereits massenweise bestätigt.

Wohlstand, Fülle, Glücklichsein und Heilung kommen als Geschenk zu dem Menschen, der die ewigen Gesetze der Natur und des Lebens achtet und pflegt.

„Die Natur hat immer Recht, und die Irrtümer sind immer des Menschen." (Goethe)

Die zunehmende Verbreitung von Krebserkrankungen in den Industriegesellschaften ist eine logisch und biologisch nachvollziehbare Konsequenz einer tief greifenden, schweren Disharmonie im kollektiv-kulturellen und individuellen Lebens-Bewusstsein der Menschen.

3. Kapitel

Gibt es eine effektive Krebstherapie für den schmalen Geldbeutel?

Die folgenden Vorschläge sind das *Minimum*, was ein an Krebs erkrankter Mensch für seine Lebensverlängerung oder Heilung tun kann.

Zunächst einmal muss man wissen, dass man bestimmte Therapien nicht an sich durchführen lassen sollte bzw. bestimmte Medikamente nicht einnehmen sollte. Diese Maßnahmen werden mit Sicherheit Ihr Leben verkürzen, dabei aber auch zugleich Ihre restliche Lebenszeit leidvoller machen als ohne diese Maßnahmen. Die neuesten statistischen und wissenschaftlichen Erkenntnisse legen Folgendes nahe: lehnen Sie jegliche Chemo- und Strahlentherapie mit unbeirrbarer Entschiedenheit ab [1]; lassen Sie *möglichst* kein Szintigramm an sich durchführen (relativ gefährliche radioaktive Belastung), auch keine Kernspintomografie (starke magnetische Belastung); lassen Sie nur *absolut notwendige* Röntgenuntersuchungen an sich durchführen; alle chemisch-synthetischen Lipid- (Cholesterin-) senker, welche die körpereigene Biosynthese des *lebensnotwendigen Cholesterins* destruktiv reduzieren, sind potenziell krebserregend; *zuviel* Antibiotika im Prinzip auch; alle Medikamente mit mittleren und schweren Nebenwirkungen (auch Sexualhormone, die auf Dauer störend in das Hormonsystem eingreifen) verkürzen ebenfalls indirekt das Leben. Lassen Sie sich nicht impfen! (Aus molekularbiologischer und statistischer Sicht ist es eindeutig, dass Impfungen nicht vor bestimmten Krankheiten schützen; außerdem sind die möglichen Nebenwirkungen unabsehbar und teilweise katastrophal! – Weiterführende Literatur: siehe Anhang.)

---

[1] Kleine Ausnahme: siehe Seite 76

Wenn ein Krebspatient wenig Geld hat, sollte er zumindest täglich 2 - 3 Gramm Cystein (wichtigster Baustein des reduzierten Glutathion) als N-Acetylcystein auf zwei Portionen verteilt einnehmen; anfangs für 1 – 2 Monate täglich 600 Mikrogramm, danach 150 - 300 Mikrogramm Selenhefe; täglich 5 - 15 Gramm Vitamin C (als *Natrium-Ascorbat*, dem basischen Salz der Ascorbinsäure).

Der *Schlaf* muss frei von elektrischen und elektromagnetischen Einflüssen sein, das heißt, keine Lampe und kein elektrisches Gerät darf *in der Nähe der schlafenden Person* Stromzufuhr haben. *Also: alle Stecker in der Nähe des Schlafplatzes aus der Steckdose ziehen, wenn Sie schlafen oder auch nur ruhen wollen.* Oder als noch bessere, umfassendere Maßnahme: *Strom-Sicherung* für den Schlafbereich ausschalten, wenn Sie schlafen wollen; oder *Netzfreischalter* für den Schlafbereich einbauen lassen. (Erhältlich in Fachgeschäften und Baumärkten.)

Radiowecker sind in Körpernähe wegen ihres starken elektromagnetischen Feldes gefährlich. Auf Dauer sollten zur *Bedienung von Computern keine Tastaturen und „Mäuse“ verwendet werden, die schnurlos, also mit Funk,* arbeiten.

Auch *Babyphone* zur Überwachung von Säuglingen und Kleinkindern sind aus diesem Grunde auf Dauer sehr gefährlich.

Mikrowellenherde sollten nicht benutzt werden, weil sie Enzyme und andere gesundheitsnotwendige Nahrungsbestandteile zerstören.

Handys und schnurlose Telefone mit DECT-Standard – niederfrequent gepulste Strahlung –, aber auch „wireless bluetooth“ sind auf Dauer eine hoch risikoreiche Krebsursache! Auch die beste Krebstherapie kann keinen Erfolg haben, wenn der Patient weiter ein Handy, ein schnurloses DECT-Telefon oder einen Mikrowellenherd benutzt!

Federkern-Matratzen sind meistens magnetostatisch aufgeladen und deshalb als Schlafunterlage nicht geeignet. *Lautsprecherboxen* sind immer magnetostatisch geladen und sollten nicht in

Bettnähe stehen. Batteriebetriebene *Wecker mit Sekundenanzeiger* sollten mindestens 30 cm Abstand zum Körper haben.

Schlafen Sie nie bei geschlossenem Fenster! Es sei denn, dass es kurzzeitig zu laut ist oder die Außentemperatur sehr niedrig... *In einem ungelüfteten durchschnittlichen Schlafzimmer (18m²) mit zwei Personen wird der amerikanische Arbeitsplatz-Grenzwert für* ***Kohlendioxid*** *bereits nach zwei Stunden erreicht! Und morgens direkt nach dem Aufstehen liegt der gemessene Kohlendioxidwert natürlich weit oberhalb des US-Grenzwertes für Arbeitsplätze!*

Lassen Sie von einem gründlich arbeitenden Zahnarzt so schnell wie möglich alle eventuell noch vorhandenen **Amalgamfüllungen** in den Zähnen entfernen! Da *Fluor* ab einer bestimmten Dosis ein Zellgift ist, sollten keine *fluorhaltigen Zahnpasten* verwendet werden; wurzelbehandelte *(tote) Zähne*, die als Störfeld wirken, müssen gezogen werden; gehen Sie in diesen wichtigen Dingen keine Kompromisse ein!

Sofern finanziell möglich, ist es dringend angeraten, den gesamten Wohnbereich und insbesondere den Schlafplatz von einem ausgebildeten und erfahrenen Baubiologen auf wahrscheinlich vorhandene Stresseinflüsse durch Strom, Strahlung und Schadstoffbelastungen, die den Krebs mit verursacht haben, messtechnisch genau untersuchen zu lassen. Darüber hinaus muss jeder an Krebs erkrankte Mensch auf die weiter oben beschriebene Weise seinen erkrankten Körper konsequent entsäuern (Natron, Alkala N® oder Bullrich's Vital® sind recht preisgünstige Produkte). Und weiterhin zu Rauchen ist schleichender Selbstmord...

Eventuell tägliche Einnahme von Flor*-Essence-Kräuterteemischung wie oben beschrieben...

Den Verzehr von tierischem Eiweiß, Fett (und vor allen Dingen *Margarine*) und Fabrikzucker für mindestens 6 - 9 Monate stark einschränken, viel Obst, Gemüse und Vollkornprodukte essen...

Eine sorgfältig durchgeführte Bach-Blütentherapie kostet in der Regel nicht viel...

Und die Vermeidung und Beseitigung der äußeren Erst-Ursachen ist oftmals eine kostenlose Angelegenheit. Wer Nichtraucher wird – was er als Krebskranker werden muss – spart eine Menge Geld...

Wenn es finanziell möglich ist, sollte die Einnahme von N-Acetylcystein, Selen, Vitamin C und Melatonin wie oben beschrieben labordiagnostisch begleitet werden (Glutathion-, Selen- und Vitamin C-Blutplasma-Spiegel, Melatonin-Urin-Spiegel sowie LSA-Tumormarker). Je nach Tumorstadium und Bösartigkeit der Krebserkrankung sollten diese vier Laborwerte alle 3 - 5 Monate bestimmt werden, um die möglichst genaue Dosierung von N-Acetylcystein, Selen, Vitamin C und Melatonin einzustellen.

Es muss zum Schluss aber darauf hingewiesen werden, dass das beschriebene optimale Tumortherapeutikum S-Acetylglutathion (SAG) nicht durch die Einnahme von N-Acetylcystein gleichwertig ersetzt werden kann! Es kann davon ausgegangen werden, dass S-Acetylglutathion eine mindestens 10fach stärkere Tumor abbauende und auch tumorvorbeugende Wirkung hat als N-Acetylcystein.

Und eine höhere Tagesdosierung von N-Acetylcystein als 3 Gramm sollte nicht eingesetzt werden, weil sonst der Organismus wieder zu sehr übersäuert und der Magen zu sehr gereizt wird.

4. Kapitel

Die Ursachen eines möglichen Misslingens dieser psychologisch-biologischen Krebsheilweise

Viele Maßnahmen und Heilmittel dieser Heilmethode können in dieser Patienteninformation selbstverständlich nicht näher erläutert werden. Sie als Patient können jedoch versichert sein, dass die hier skizzierte biologische Tumortherapie eine der Besten ist, die es zur Zeit auf dieser Erde gibt.

Dennoch besteht die Möglichkeit, dass diese grundlegende psychologisch-biologische Krebsheilweise in bestimmten Fällen nicht den gewünschten Erfolg hat. Die Gründe für ein mögliches Misslingen dieser Heilmethode sind zahlreich. Die Wichtigsten wollen wir hier kurz erläutern:

Zunächst einmal ist es von ausschlaggebender Bedeutung, wie weit im individuellen Fall bei der Erstdiagnose „Krebs" der Tumor fortgeschritten ist und ob er bereits Metastasen (Absiedlungen, Tochtergeschwülste) gebildet hat. *Je größer die primäre* **Krebsgeschwulst** *bei ihrer Erstentdeckung ist*, je mehr den *Primärtumor* **umgebende Lymphknoten** *mit Metastasen befallen sind, je mehr* **Fernmetastasen** *bereits vorhanden sind, und je maligner – also* **aggressiver bzw. bösartiger** *– die Krebszellen sind, desto geringer ist die Möglichkeit, dass der von dieser Tumorerkrankung betroffene Mensch wirklich grundlegend geheilt werden kann.*

Aus diesen Fakten ergibt sich eine Klassifikation für Tumoren – die sogenannte „TNM-Klassifikation maligner Tumoren". Als Zusammenfassung dieser Klassifikation sind vier **Tumorstadien** (Tumor-Stadium I-IV, das sogenannte „staging") festgelegt worden, sowie vier **Malignitätsgrade** (G1-G4, das sogenannte histopathologische „grading"), deren diagnostische Zusammenschau über die Prognose der Erkrankung entscheiden. *Folgende allgemeine Prognose-Regeln können anhand der*

„TNM-Klassifikation maligner Tumoren" gegeben werden (die WHO-Klassifikation der ***Hirntumore*** *in Grad I-IV entspricht ungefähr der Prognose von T1-T4 bzw. G1-G4):*

1. *Tumor-Stadium I-II bzw. G1-G2 (leichte bis mittelschwere Tumorerkrankung)*
   Die Chancen für eine grundlegende Heilung sind relativ hoch. **(Zumindest mit dieser psychologisch-biologischen Krebsheilweise und einem manchmal notwendigen chirurgischen Entfernen des Primärtumors.)**
2. *Tumor-Stadium II-III bzw. G2-G3 (mittelschwere bis schwere Tumorerkrankung)*
   Die Chancen für eine grundlegende Heilung sind noch recht hoch. **(Bei der gleichen therapeutischen Voraussetzung.)**
3. *Tumor-Stadium III bzw. G3 (schwere Tumorerkrankung)*
   Die Chancen für eine grundlegende Heilung sind recht gering.
4. *Tumor-Stadium III-IV bzw. G3-G4 (schwerste Tumorerkrankung)*
   Es besteht kaum eine Chance auf grundlegende Heilung.

Aus diesen Prognose-Regeln ergeben sich für die hier skizzierte Krebsheilweise folgende Erwartungen:

Unter der grundlegenden Voraussetzung, dass diese Therapie sofort zu Beginn der Erstdiagnose begonnen wird, können mit ihr bei den leichten bis mittelschweren Krebserkrankungen meistens fundamentale Heilungen erzielt werden. Bei den schweren Krebskrankheiten sind fundamentale Heilungen selten; jedoch mit der konsequenten Mitarbeit des Patienten ist es oft möglich, die schicksalhafte, naturgegebene Lebenszeit im Verhältnis zu der Schwere der Erkrankung außerordentlich langwährend und mit

Wohlbefinden erfüllt sein zu lassen. Und mit der konsequenten Mitarbeit des Patienten ist es selbst bei den schwersten Krebserkrankungen noch möglich, eine erstaunliche Lebensfreude und einen vergleichsweise stabilen und zufriedenstellenden körperlicher Allgemeinzustand sehr lange zu halten, bis das schicksalhafte Ende der Lebenszeit kommt. Dieses Ergebnis der psychologisch-biologischen Krebsheilweise verblüfft selbst Onkologen immer wieder.

Wenn bei den schweren und schwersten Krebserkrankungen eine Heilung nicht gelingt, kann deshalb naturgemäß von keinem Scheitern oder Misslingen der hier vorgestellten Krebsheilweise die Rede sein. Die schweren und schwersten Krebserkrankungen sind *manchmal* nur heilbar, wenn eine seltene Spontanheilung geschieht. Bei einer Spontanheilung wirkt die universale *Natur* in einem geheimnisvollen Prozess...[1]

Diese Ausführungen über Möglichkeiten und Grenzen einer Krebstherapie sind wichtig, damit die einzelnen Betroffenen ein realistisches Bild von ihrer Erkrankung bekommen. Jedes größere Versprechen oder jede Andeutung größerer Möglichkeiten wäre unseriös.

---

[1] Diese Aussage wird aufgrund des aktuellen Kenntnisstandes gemacht. Es ist jedoch zu erwarten, dass bei konsequenter Umsetzung dieser psychologisch-biologischen Krebsheilweise und vollständiger und dauerhafter Vermeidung und Beseitigung der einzelnen Krebsursachen, auch bei den schweren und schwersten Krebserkrankungen grundlegende Heilungen relativ oft möglich sind. Eine vollständige und dauerhafte Vermeidung und Beseitigung der einzelnen Krebsursachen ist indessen bei der derzeitigen enormen kollektiven Lebensbelastung nur schwer möglich. Diese Lebensbelastung ist insbesondere durch die allgemeine toxische Gesamtbelastung der Bevölkerung sowie durch den fast überall vorhandenen aggressiven Elektrosmog bedingt.

Und eine oft überlebenswichtige Wahrheit sei nachdrücklich ausgesprochen: *Die größten und dauerhaftesten Erfolge mit der hier skizzierten wunderbaren Heilweise gelingen dann, wenn sich der krebskranke Mensch mit felsenfester Unbeirrbarkeit gegen den manipulativen Druck und den Psychoterror der Onkologie stellt und jegliche Durchführung von Chemo- und/oder Strahlentherapie bei sich ablehnt.*

Welche wirklichen Gründe für ein Misslingen dieser psychologisch-biologischen Krebsheilweise gibt es nun unter anderen unwägbaren Faktoren?

Ein großes Problem in der schulmedizinischen Onkologie sind die sogenannten *Mikrometastasen.* Diese kleinsten Absiedlungen sind nicht über diagnostische Bildgebungsverfahren und auch nicht über die bekannten speziellen Tumormarker erkennbar. Die Mikrometastasen können unter ungünstigen Bedingungen sehr schnell wachsen und dann auch relativ rasch den unvermeidlichen Tod des Krebspatienten verursachen. Man sollte auch wissen, dass 80 – 90% aller Karzinome (Tumoren) Metastasen bilden und die meisten Krebspatienten nicht an dem Primärtumor (Ersttumor) sterben, sondern an den Metastasen.

In der hier skizzierten Therapie wird der potentiellen Gefahr der Mikrometastasen eine große Beachtung geschenkt. Die gesamte hier vorgestellte Therapie sollte deshalb auch sehr sorgfältig durchgeführt werden: die 4 tragenden Säulen dieser Krebsheilweise müssen fest stehen... Und besonders sollte die regelmäßige Bestimmung des generellen Tumormarkers *LSA* durchgeführt werden, weil dieser auch sensitiv auf Mikrometastasen ab einer Größe von 100 Tumorzellen reagiert. [1]

Im Übrigen ist es immer wieder erstaunlich, welche Umwege manche Krebspatienten gehen, welche Abweichungen vom möglichst optimalen Therapieweg sie verfolgen, weil ihnen mangels

---

[1] Einzelheiten zum LSA Tumormarker siehe in „Biologische Befreiung von Krebs“ von Lorenz Geßwein.

Instinkt und Intuition die Fähigkeit zu richtigen, heilbringenden Entscheidungen fehlt. Es mangelt vielen Krebspatienten an genügend Instinkt und Intuition, um unbeeinflusst von den oft leeren Versprechungen der Schulmedizin wesentliche gesundheitsbringende Entscheidungen zu treffen. Bei vielen Krebspatienten sind Instinkt und Intuition durch Sorgen und Ängste blockiert; deshalb gehen sie zu oft den Weg des Unheils. Verwirrt durch die bunte Vielfalt der Welt, sind die Menschen nur noch wenig imstande, richtige Entscheidungen zu treffen.

Das typischste und folgenschwerste Beispiel für einen unheilvollen Weg in der Krebstherapie ist die instinktlose Einwilligung zur *Chemo- und/oder Strahlentherapie.* Es gibt einen deutschen Onkologen, der in jahrzehntelanger Tätigkeit als Leiter einer weltbekannten schulmedizinischen Krebsklinik nach eigener Aussage 250.000 Krebspatienten mit Chemo- und/oder Strahlentherapie „behandelt" hat. Nun ist er nicht mehr Leiter dieser Klinik, er geht einen neuen Weg, indem er in eigener Praxis Krebspatienten biologisch behandelt. Seine hunderttausendfachen Erfahrungen als Chemotherapeut fasst er schriftlich so zusammen: „Ich hasse die Chemotherapie, weil ich sie so gut kenne..." Bedauernswert ist nur, dass er am Anfang seiner biologischen Krebstherapie vielen Patienten eine starke Chemotherapie verpasst... Dieser Mann hat an 250.000 Krebspatienten viel gelernt – aber noch nicht genug!

Chemotherapie kann nicht heilen, das ist eine biologische Unmöglichkeit!

Je stärker die Chemotherapie ist und je länger sie angewandt wird, desto schwerer ist die Beschädigung des lebensnotwendigen Redoxpotentials und Immunsystems. *Und eine ausreichende Regeneration von dieser Beschädigung gelingt desto weniger, je länger der Körper mit aggressiven Therapien belastet wird.*

Der Erfinder der S-Acetylglutathion-Therapie, Dr. med. Gerhard Ohlenschläger®, Facharzt für Innere Medizin, Chirurgie und Labormedizin sowie sehr renommierter Biochemiker, hat die Strukturformeln aller bekannten und verwendeten Chemotherapeutika eingehend analysiert und kommt zu dem erschütternden Schluss: „Der Großteil dieser chemischen Substanzen gehört mit zum Giftigsten, was es auf dieser Erde gibt. Wie kommen Ärzte auf den absurden Gedanken, mit diesen Giften *heilen* zu können?!" (G. Ohlenschläger, mündliche Mitteilung, April 2003.)

In sorgfältiger Abwägung möglicher schädlicher Nebenwirkungen von bestimmten chemotherapeutischen Substanzen kommt Dr. Ohlenschläger allerdings zu dem Schluss, dass es in zwei Fällen sinnvoll ist, am Anfang der hier skizzierten psychologisch-biologischen Krebsheilweise **eine leichte Chemotherapie** durchzuführen:

Wenn der Chirurg nach operativer Entfernung des Primärtumors (und eventuell mit Krebs befallener Lymphknoten) den Eindruck hat, nicht den ganzen Tumor entfernt zu haben, oder wenn diese psychologisch-biologische Krebsheilweise 4 - 6 Wochen nach Beginn nicht den erhofften notwendigen Erfolg zeitigt (erkennbar am Fallen des generellen LSA-Tumormarkers bei der zweiten Bestimmung), ist es sinnvoll, **eine leichte** Chemotherapie mit einer Substanz aus der Gruppe der Antimetaboliten (z.B. je nach Fall **einmalig!** 2,5 - 20 mg des Folsäure-Hemmers Methotrexat) sachgerecht durchzuführen.

Und wie steht es nun mit dem therapeutischen Nutzen der *Strahlentherapie?* Obwohl keine statistische Gesamtbewertung erhältlich ist, ist es schlüssig, dass die „Erfolge" auch nicht größer sein können als bei der Chemotherapie. Und die Nebenwirkungen?

In der Strahlentherapie wird *ionisierte, aggressive Strahlung* verwendet, die letztlich genauso störend, schwächend und schließlich erschöpfend auf das gesundheitsnotwendige Immunsystem und Redoxpotential wirkt.

Auch eine nur *örtlich begrenzte Strahlentherapie* hat eine *belastende oder sogar zerstörerische Wirkung auf den Gesamtorganismus.* Dies wird verständlich, wenn man bedenkt, dass der Gesamtorganismus über die sogenannte extrazelluläre Matrix (den

Zellzwischraum) vernetzt ist. Jedes biologische System ist also ein hoch vernetztes Ganzes.

Eine ganze Reihe von naturwissenschaftlichen Forschungen seit den 50ger Jahren des 20. Jahrhunderts zeigen zweifelsfrei, dass mit der Strahlentherapie auch eine zu große Zahl von noch intakten Mitochondrien anderer, gesunder Zellen zerstört wird. (Die Mitochondrien und der Zellkern sind die wichtigsten Elemente jeder Zelle.) Und es ist gut zu wissen, dass *ein* wesentlicher Unterschied zwischen Tumorzellen und gesunden Zellen darin besteht, dass Tumorzellen nur noch durchschnittlich 20% ihrer ursprünglichen Menge an Mitochondrien besitzen...

Außerdem ist es auch schon lange bekannt, dass Röntgenstrahlen, radioaktive Strahlung usw. tumorauslösende Gendefekte, also Krebs, verursachen können. Die in der Strahlentherapie verwendeten Strahlendosen sind hochpotent imstande, gesunde Zellen in Krebszellen umzuwandeln.

Die onkologische Strahlentherapie ist ebenso wie die Chemotherapie für die betroffenen Patienten einer der verhängnisvollsten Irrwege der modernen Schulmedizin.

Ein kritischer Blick auf schulmedizinische Studien, welche die *„Erfolge" von Chemo- und Strahlentherapie* untersuchen, bringt leider Folgendes zutage:

Chemo- und/oder Strahlentherapie bewirken zwar meistens eine Tumorzerstörung mit teilweise verheerenden Schädigungen des Immunsystems und einer deutlichen Verschlechterung der Lebensqualität des Patienten, aber keine lohnenswerte Verlängerung der Lebenszeit! Wie kann man von einem „Erfolg" sprechen, wenn Studien ergeben, dass bestimmte Chemo- und/oder Strahlentherapien im Vergleich zu anderen schulmedizinischen Therapien eine nur Tage oder wenige Woche länger dauernde Tumor-Überlebenszeit zur Folge haben? Und diese Überlebenszeit ist dann auch noch mehr oder weniger mit Qualen angefüllt...

Meines Wissens wurde niemals eine Studie durchgeführt, die bei einem bestimmten Tumorleiden die Erfolge einer rein schulmedizinischen Therapie mit einer rein biologischen Tumortherapie vergleicht. Davor hütet sich die Schulmedizin wohlweislich...

Chemotherapie und Strahlentherapie können nicht heilen; das ist eine biologische Unmöglichkeit! Denn wie gesagt, je stärker diese Therapien sind und je länger sie angewandt werden, desto schwerer ist die Beschädigung des lebensnotwendigen Immunsystems. Und eine ausreichende Regeneration von dieser Beschädigung gelingt desto weniger, je länger der Körper mit aggressiven Therapien belastet wird! So ist es auch nur eine logische Folge, dass in bestimmten, nicht seltenen Fällen durch Chemo- und/oder Strahlentherapie das Wachstum von neuen, aggressiven Tumoren ausgelöst wird.

Jeder einsichtige Mensch versteht ohne weiteres, dass auf dem Pfad einer Heilung wachsendes körperliches und psychisch-geistiges Wohlbefinden und eine sich steigernde Vitalität erfahren werden muss! Noch nie hat ein Mensch diese Erfahrungen bei fortgesetzter Chemo- und/oder Strahlentherapie gemacht. Diese „Therapien" haben eine extrem oxidative Wirkung auf den Organismus und führen logischerweise zu Vitalitätsverlust und einer zunehmenden Schwächung des Redoxpotentials und Immunsystems. Dieser Verlust und diese Schwächung können naturgemäß zu keinem heilbringenden Ende für einen tumorkranken Menschen führen. *Es müsste also leicht fallen, sich in der Tumortherapie für das Rechte zu entscheiden...*

Aber aus verständlicher Angst entscheiden sich zu viele Krebspatienten für diese aggressiven, unheilvollen Therapien.

Die natürliche und verständliche Angst der Krebspatienten wegen ihrer schweren Erkrankung und dem oft drohenden Tod bewirkt eine Verschleierung und Hemmung ihrer instinktiven und intuitiven Fähigkeiten, die leider häufig zu einer *verhängnisvollen Uneinsichtigkeit* für wirklich hilfreiche Ratschläge führt.

Ein typisches Beispiel: Ein Buch über die gesundheitsfördernden Wirkungen von Kristall-Salz aus dem Himalaja und Wasser wird zu recht zehntausendfach gekauft; die in dem Buch geschilderten Ratschläge werden eifrig und beharrlich angewendet. Viele Leser und Anwender dieses Buches benutzen aber auch regelmäßig ein Mobiltelefon und ein schnurloses DECT-Telefon, die nachgewiesen hochrisikoreich für die Gesundheit sind. Die Kristall-Salz-Therapie ist gut, hilft indessen nur wenig, um Krebserkrankungen vorzubeugen oder gar zu heilen. Die Benutzung von Mobiltelefonen und DECT-Telefonen ist hingegen sehr krebsfördernd!

Obwohl in den Medien immer wieder genügend Informationen über die gesundheitlichen Gefahren dieser Technologie dem potentiell einsichtigen Bürger geboten werden, nehmen die meisten Anwender von „Wasser und Salz“ diese Informationen nicht zur Kenntnis und die große Gefahr nicht ernst. Gut geschriebene Bücher, die eindringlich vor den Gesundheitsgefahren von Mobilfunk und anderem Elektrosmog warnen, werden kaum gekauft!

Es ist für alle Krebspatienten eine überlebenswichtige Forderung, sich mit Instinkt, Intuition und Vernunft über den Weg klar zu werden, den sie für die möglichst erfolgreiche Therapie ihrer lebensgefährlichen Erkrankung gehen wollen! Denn alle Pfade, die nicht in Harmonie mit den universalen Natur- und Lebensgesetzen sind, führen früher oder später zu einem unheilvollen Ende! Und Vernunft und Mäßigung wohnt eine große Heilkraft inne.

Wenn ich Handy-Benutzer auf die großen gesundheitlichen Gefahren dieser Technologie aufmerksam mache, bekomme ich immer wieder das scheinbare Gegenargument zu hören, dass es „umstritten“ sei, ob Handys der Gesundheit schaden oder nicht. Darauf gebe ich zu bedenken: “Gesetzt der Fall, es wäre wirklich nur umstritten. Dann wäre es doch sehr klug, die *mögliche* Gefahr für die Gesundheit zu vermeiden.“ Denn „umstritten“ bedeutet ja, dass es die Gefahr möglicherweise gibt. In Wahrheit jedoch ist die Sachlage völlig klar und eindeutig: man weiß zwar noch nicht bis in alle Einzelheiten *wie* die Mobilfunkstrahlung biologische Systeme **schwer schädigt, aber man weiß mit absoluter Sicherheit, *dass* sie es tun!**

...Aber der kollektiven und naiven Benutzung dieser gefährlichen, beliebten Technologie wohnt ein verführerischer Zauber inne...

Man sollte bestimmte Therapien nicht an sich durchführen lassen bzw. bestimmte Medikamente nicht einnehmen. Diese Maßnahmen werden mit Sicherheit Ihr Leben verkürzen, dabei aber auch zugleich Ihre restliche Lebenszeit leidvoller machen als ohne diese Maßnahmen. Die neuesten statistischen und wissenschaftlichen Erkenntnisse legen Folgendes nahe: lehnen Sie jegliche Chemo- und Strahlentherapie mit unbeirrbarer Entschiedenheit ab; lassen Sie möglichst kein Szintigramm an sich durchführen (relativ gefährliche radioaktive Belastung [1]), auch keine Kernspintomografie (starke magnetische Belastung); lassen Sie nur *absolut notwendige* Röntgenuntersuchungen an sich durchführen; alle chemisch-synthetischen Lipid- (Cholesterin-) senker, welche die körpereigene Biosynthese des *lebensnotwendigen Cholesterins* destruktiv reduzieren, sind potenziell krebserregend; *zuviel* Antibiotika im Prinzip auch; alle Medikamente mit mittleren und schweren Nebenwirkungen (auch Sexualhormone, die auf Dauer störend in das Hormonsystem eingreifen) verkürzen ebenfalls indirekt das Leben. Lassen Sie sich nicht impfen! (Aus molekularbiologischer und statistischer Sicht ist es eindeutig, dass Impfungen nicht vor bestimmten Krankheiten schützen; außerdem sind die möglichen Nebenwirkungen unabsehbar und teilweise katastrophal! – Weiterführende Literatur siehe Anhang.

Die US-amerikanische Organisation „People against cancer" befragte sehr viele Menschen, die eine schwere metastasierende

---

[1] Einzelheiten siehe in „Biologische Befreiung von Krebs" (Literaturverzeichnis im Anhang).

Krebserkrankung viele Jahre überlebt haben, nach ihrem „Erfolgs-Rezept“. **Vier Faktoren** waren ihnen gemeinsam:

1. Verweigerung von Chemo- und Strahlentherapie.
2. Konsequente, dauerhafte Ernährungsumstellung im Sinne einer möglichst biologischen Vollwertkost mit Reduzierung von Fabrikzucker, tierischem Eiweiß und Fetten.
3. Harmonisierung der Lebenseinstellung oder psychologische Therapie
4. Keine Einnahme von Arzneien mit schädlichen Nebenwirkungen

Nun gibt es aber leider auch die Möglichkeit, dass einem vom Krebs betroffenen Menschen nicht die finanziellen Mittel zu Verfügung stehen, um sich einer optimalen biologischen Therapie zu unterziehen. Und weil zur Zeit noch alle gesetzlichen und ein paar wenige private Krankenkassen eine Kostenerstattung des SAG's ablehnen, müssen diese finanzielle Last die meisten Patienten selbst tragen. Deshalb kann es hier leider eine Grenze für eine optimale biologische Therapie geben. Aber ein Ausweichen auf andere Heilmittel mit reduziertem Glutathion als Wirkstoff, die oft nur *etwas* preisgünstiger sind, ist *sehr unratsam.* Denn das reduzierte Glutathionmolekül ist – wie wir bereits beschrieben haben – chemisch relativ instabil und oxidiert im Körper verhältnismäßig leicht, sodass mit chemisch instabileren Glutathion-Produkten nur eine *relativ* geringe Heilwirkung bei Krebs zu erwarten ist.

Das S-Acetylglutathion ist das zur Zeit sicherste und potenteste krebszerstörende biologische Heilmittel, es ist in der Tat Gold wert.

Mit welchen **Kosten** hat ein Krebspatient bei dieser Therapie zu rechnen? Diese Frage ist oft ausschlaggebend für den letzten Entschluss zu dieser Therapie.

Erfahrungsgemäß ergeben sich folgende Kosten:

Im 1. Jahr der Therapie, das am intensivsten und aufwendigsten ist:

durchschnittlich:

€ 3.900,00 (bei Tumorstadium I-II bzw. G1-G2)

bis zu

€ 6.700,00 (bei Tumorstadium III-IV bzw. G3-G4)

(diese Summe setzt sich zusammen aus:

a) engmaschige, präzise tumorspezifische Laboruntersuchungen:
€ 700,00 – 800,00

b) Therapeuten-Honorar bei einem Stundensatz von ca. € 60,00:
€ 400,00 – 500,00

c) Ursachenabklärung durch einen ausgebildeten und technisch hoch ausgerüsteten Baubiologen: *ca. € 500,00*

d) hoch dosierte Tumor abbauende Substitutionstherapie mit S-Acetylglutathion:
ca. € 2.000,00 – 4.000,00

e) Kosten für diverse Naturheilmittel: *ca. € 300,00 – 900,00*)

In dieser Aufstellung sind nicht enthalten:

Eigenanteil des Patienten für eventuell notwendigen Zahnersatz nach Amalgamsanierung.

Nach diesem intensiven und relativ kostenaufwendigen ersten Jahr ist mit dieser psychologisch-biologischen Krebsheilweise idealerweise – und auch in der Regel – die Tumorerkrankung besiegt oder – bei den schweren und schwersten Tumorerkrankungen – ein zufriedenstellender oder guter körperlicher Allgemeinzustand erzielt. Ab dem 2. Therapiejahr, das eigentlich das erste Nachsorge-Jahr ist, ist jährlich mit folgenden durchschnittlichen Kosten zu rechnen:

€ 500,00 – 1.200,00.

Wenn man diese Kosten mit anderen biologischen Krebstherapien vergleicht, bei denen oft ein hoher Geräteaufwand oder Klinikaufenthalte oder zeit- und kostspielige Infusionstherapien notwendig sind, so wird rasch deutlich, *wie preisgünstig die hier beschriebene Therapie ist.* Und weil Patienten bei dieser psychologisch-biologischen Krebstherapie meistens nur alle 6 - 8 Wochen den Behandler aufsuchen müssen (nämlich wegen der Blutabnahme), sparen viele Patienten auch erhebliche Fahrtkosten.

Und was die Kosten betrifft: Krebspatienten können viel Geld für Heilmittel sparen, wenn sie gleich zu Anfang der Therapie **auf die täglich notwendige körperliche Bewegung achten**. Nur wer sich körperlich genügend bewegt, kann erwarten, dass die Anhäufung von Säuren, die Krebs mit verursachen, aus dem Körper ausgeleitet werden. Und es kann nicht genügend betont werden, dass das erwähnte Trimilin® (Mini-Trampolin) ein sehr zeitsparendes und wirkungsvolles Bewegungstraining ermöglicht, das die entschlackenden Lymphströme harmonisch in Gang bringt.

Wenn man jahrelange Erfahrungen mit dieser psychologisch-biologischen Krebsheilweise gemacht hat, kommt man zu der erstaunlichen Erkenntnis, dass diese wunderbare Therapie zwar relativ leicht zu handhaben ist, jedoch oft größere Schwierigkeiten bestehen können, wenn man Krebspatienten überzeugen muss, dass ihre disharmonische Lebensweise den Tumor groß gemacht hat und eine unveränderte Fortsetzung dieser Lebensweise unweigerlich zum Tode führt. Und es ist selbstverständlich: Hier ist auch eine Grenze jeder biologischen Krebstherapie! Wenn ein todkranker Mensch sich so verhält, muss alle ärztliche Kunst am Krebs versagen.

Aber: Jeder Mensch hat seinen Geburts- und Todeszeitpunkt, und alles Handeln und Verhalten wirkt auf den naturgesetzlichen Todeszeitpunkt hinaus. Es macht gelassen, wenn man weiß: *Jeder Mensch hat seinen naturgesetzlichen Todeszeitpunkt, und alles heilkundliche Handeln, sei es auch noch so sorgfältig, intelli-*

gent und kenntnisreich, endet unweigerlich und unvermeidlich an dieser schicksalhaften irdischen Lebensgrenze.

Und es ist ein großer Trost, dass die großen spirituellen Erfahrungen immer wieder die Kontinuität des Lebens in anderen Sphären bestätigen... Der Tod des materiellen Körpers ist eine vorübergehende Erfahrung, die der Mensch immer wieder machen wird.

Mit diesen grundlegenden Gedanken wollen wir „Befreie dich von Krebs“ beenden und den Leserinnen und Lesern noch einen kleinen Text der Weisheit mit auf den weiteren Lebensweg geben:

In der alten St. Paul's Kirche in Baltimore wurde 1692 ein Text von einem unbekannten Autor (wohl ein christlicher Mönch oder Priester) in Stein gemeißelt:

„Desiderata

Gehe ruhig und gelassen durch Lärm und Hast, und sei des Friedens eingedenk, den die Stille bergen kann. Vertrage Dich mit allen Menschen, möglichst ohne Dich ihnen auszuliefern. Äußere Deine Wahrheit ruhig und klar, und höre anderen zu, auch den Geistlosen und Unwissenden; auch sie haben ihre Geschichte.

Meide laute und aggressive Menschen. Für den Geist sind sie eine Qual. Wenn Du Dich mit anderen vergleichst, könntest Du bitter werden und Dir nichtig vorkommen, denn es wird immer Menschen geben, die größer oder geringer sind als Du. Freue Dich Deiner Leistungen wie auch Deiner Pläne...

Bleibe weiter an Deinem eigenen Weg interessiert, wie bescheiden er auch sei. Im wechselnden Glück der Zeiten ist er ein echter Besitz. In Deinen geschäftlichen Angelegenheiten lasse Vorsicht walten, denn die Welt ist voller Betrug. Doch soll Dich das nicht blind machen für vorhandene Rechtschaffenheit. Viele Menschen bemühen sich, hohen Idealen zu folgen, und überall ist das Leben voller Heldenmut.

Sei Du selbst. Vor allem heuchle nicht Zuneigung. Und sei, was die Liebe anlangt, nicht zynisch. Denn trotz aller Dürre und Enttäuschung ist sie doch ewig wie das Gras.

Nimm freundlich-gelassen den Ratschluss der Jahre an, und gib mit Würde die Dinge der Jugend auf. Stärke die Kraft des Geistes, damit er Dich bei unvorhergesehenem Unglück schütze. Aber quäle Dich nicht mit Gedanken. Viele Ängste kommen aus Ermüdung und Einsamkeit. Neben einem gesunden Maß an Selbstdisziplin sei gut zu Dir.

Du bist nicht weniger ein Kind des Universums als es die Bäume und die Sterne sind; Du hast ein Recht, hier zu sein. Und, ob dies Dir klar ist oder nicht: Kein Zweifel besteht, dass das Universum sich so entfaltet, wie es sich entfalten soll.

Darum lebe in Frieden mit Gott, wie auch immer Du IHN verstehst. Was auch immer Dein Mühen und Dein Sehnen ist: Halte in der lärmenden Wirrnis des Lebens mit Deiner Seele Frieden. Trotz aller Falschheit, trotz aller Mühsal und all der zerbrochenen Träume ist es dennoch eine schöne Welt.

Sei vorsichtig. Und strebe danach, glücklich zu sein."

Wichtige Informations-Adressen

www.maes.de
(Aktuelle Forschungen zum Hochrisiko Elektrosmog.)

www.verband-baubiologie.de

www.baubiologie.net, Tel. (0800) 2001 007

Institut für Baubiologie + Oekologie IBN**,**
Unabhängige private GmbH, Holzham 25, 83115 Neubeuern,
Tel. (08035) 2039, Fax (08035) 8164, institut@baubiologie.de,
www.baubiologie.de

Bürgerwelle, Tel: (09631) 795736, www.buergerwelle.de
(Thema Mobilfunk)

Transzendentale Meditation**:** Maharishi Veda GmbH,
Teichwiesen 33, 49152 Bad Essen, Tel. (05472) 977-0,
Fax (05472) 977 177,
www.meditation.de, info@maharishiveda.de

Jin Shin Jyutsu®: www.jinshinjyutsu.de

Libertas & Sanitas e.V.
(Herausgeber der „Impfnachrichten" – die deutsche Zeitschrift für Impfkritik), Postfach 1205, D-85066 Eichstätt,
Tel. (08421) 903707, Fax (08421) 99761,
redaktion@impfnachrichten.de, www.impfnachrichten.de

www.amalgam-info.ch

www.oekolandbau.de (Für Verbraucher, die erst wenig oder gar keine kontrolliert-biologischen Nahrungsmittel kaufen. Viele staatliche Informationen für Kinder und Erwachsene. Auch Materialien für Kindergärten und Schulen und ein Netz von Informationsbetrieben.)

www.foodwatch.de oder Tel. (030) 280 939 95

Wichtige medizinische Adressen

RD Laboratorien für biologische Forschung GmbH,
Labor Prof. Geiger, Postfach 1164, 86907 Dießen a. A.,
Tel. (08807) 91151, Fax (08807) 91153, rd.lab@t-online.de
(Alle im Text aufgeführten Blut- und Urin-Untersuchungen. Informationen nur für Ärzte und Heilpraktiker.)

Ganzimmun Labor für funktionelle Medizin AG,
Hans-Böckler-Straße 109, 55128 Mainz, Tel.: (06131) 7205-0,
Fax: (06131) 7205-100,
www.ganzimmun.de, info@ganzimmun.de
(Alle im Text aufgeführten Blut- und Urin-Untersuchungen außer LSA-Tumormarker.) Informationen nur für Ärzte und Heilpraktiker.

S-Acetylglutathion *(wissenschaftliche Informationen für Fachkreise)*: Paramedica GmbH, Postfach 2201,
61292 Bad Homburg, Tel. (06172) 17 19 61, Fax (06172) 17 19 63, www.glutathion.de, sag@glutathion.de.

Wichtige Produkt-Adressen

S-Acetylglutathion-Tabletten, ***S-Acetylglutathion-Kapseln*** und die empfohlenen Selen-, Vitamin C-, Melatonin-, Magnesium-, Zink- und Algenpräparate *(Preisliste siehe unten)*:
Marien-Apotheke, Kirchenstraße 49a, 66793 Reisbach,
Tel. (06838) 8614-0, Fax (06838) 86 14 44,
apo.engel@t-online.de

S-Acetylglutathion (PZN 215 2004):
Exklusivvertrieb: Synopharm GmbH & Co. KG,
Von-Bronsart-Straße 12, 22885 Barsbüttel,
Tel. (040) 670 675, Fax (040) 670 67 670,
www.synopharm.de, syv.apotheke@synopharm.de
(Vertrieb nur an Apotheken, kein Verkauf bzw. Informationen an Privatpersonen.)

Flor*-Essence: **Gesundheitsversand Heine GmbH**,
Hauptstraße 16, 78609 Tuningen,
Tel. (07464) 98 74-0, Fax (07464) 30 54

***Essiac®*: Sanfon GmbH**, Schrannengasse 10c Pf 25,
A-5027 Salzburg, Tel: (0043) - (662) - 88 11 64, info@sanfon.at

***Effektive Mikroorganismen:* Endotronic** GmbH,
Rosenhalde 8, 88260 Argenbühl-Siggen,
Tel. (07566) 465, Fax (07566) 24 32

***Heilpilze* aus kontrolliert biologischem Anbau:**
Avalanche Gesundheitsinitiative, Clayallee 351,
14169 Berlin, Tel: (030) 801 44 05, antar@berlin.sireco.net

Wasser:
z.B. ***Grander-Wasser-Technologie***:
Deutschland: **U.V.O Vertriebs KG,** Kocheler Straße 101, 82418 Murnau, Tel. (08841) 67 670, Fax (08841) 67 67 67, *www.grander.com, UVO-Germany@t-online.de*
Österreich: U.V.O. Vertriebs KG, Heilbachstraße 27, Tel (05212) 41 92, Fax (05212) 41 92 28, www.grander.com, U.V.O-Austria@grander.com

Oxywell-Wasserbereiter:
Kössner Handelsfirma, Johann Kössner, Waidhofenerstraße 1, A-3860 Heidenreichstein, Tel. (0043) - (0) 28 62 - 53 101, Fax (0043) - (0) 28 62 - 53 634, www.koessner.net

Lebensmittel aus kontrolliert biologischem Anbau:
Preisgünstige Grundnahrungsmittel findet man immer mehr in bestimmten Supermärkten und großen Drogerie-Märkten.

Trimilin®: **Heymans** – *Sport & Therapie international* GmbH & Co. KG, Dünzelbach 57, 82272 Dünzelbach, Tel. (08146) 99680, Fax (08146) 99 68 50, info@heymans.de, www.heymans.de

Telefone nach dem CT1+-Standard (als ungefährlicher Ersatz für DECT-Schnurlos-Telefone):
A.H. Communication, *Alexander Habenstein,* Gernacher Weg 3, 97520 Röthlein, Tel. (09723) 93 70 503, Fax (09723) 93 85 57, www.noisepower.de

Preisliste der Marien-Apotheke

Stand: November 2004

S-Acetylglutathion-Tabletten (magensaftresistent) 1 Tablette enthält: S-Acetyl-L-glutathion 100 mg L-Cystein 20 mg Anthocyane 25 mg (Wichtigstes biologisches Tumortherapeutikum! Tagesdosis anfangs am Besten 900 – 2.000 mg.)	**60 Tbl.** **180 Tbl.**	**€ 66,95** **€ 193,30**
S-Acetylglutathion Nr. 1 1 Kapsel enthält: S-Acetyl-L-glutathion 100 mg	**60 Kps.** **180 Kps.**	**€ 69,25** **€ 197,50**
S-Acetylglutathion Nr. 2 1 Kapsel enthält: S-Acetyl-L-glutathion 100 mg L-Cystein 20 mg	**60 Kps.** **180 Kps.**	**€ 70,15** **€ 199,50**
S-Acetylglutathion Nr. 4 1 Kapsel enthält: S-Acetyl-L-glutathion 100 mg L-Cystein 20 mg Melatonin 0,75 mg Coenzym Q 10 10 mg Selen (organisch) 45 µg Anthocyane 15 mg	**60 Kps.** **180 Kps.**	**€ 73,75** **€ 209,50**
N-Acetylcystein 500 mg (Tagesbedarf zur Optimierung der Glutathion-Blutplasma-Konzentration in der **Krebsvor- und -nachsorge**: anfangs 500 - 2000 mg auf 1 - 2 Portionen verteilt.)	**100 Kps.**	**€ 26,50**
Selen (Selenhefe) 300 µg	**60 Kps.**	**€ 13,00**

(Tumorvorsorge und -therapie, Schwermetallausleitung. Tagesbedarf *anfangs* oft 600 µg. Später 100 – 300 µg.)		
Natrium-L-Ascorbat (das basische Salz der Ascorbinsäure – **Vitamin C**.) (Tumorvorsorge und -therapie, Schwermetallausleitung; Infektionskrankheiten. 1 flach gefüllter Teelöffel entspricht ungefähr der Menge von 1 g. Der Tagesbedarf liegt *anfangs* oft bei 4 - 7 g!)	**100 g** **250 g** **500 g** **1000 g**	**€ 4,80** **€ 9,00** **€ 16,50** **€ 29,80**
Melatonin 3 mg (Hormon der Zirbeldrüse, aber auch in bestimmten Nahrungsmitteln enthalten. Hilft gegen die Auswirkungen von Elektrosmog. Hilft bei Tumoren des Nervensystems und bei Hormonrezeptoren positiven Tumoren. Tagesbedarf anfangs 6 - 9 mg. *Gesamte Tagesdosis unbedingt nach 20 Uhr einnehmen!*)	**60 Kps.** **120 Kps.**	**€ 20,40** **€ 33,00**
Melatonin 5 mg	**60 Kps.** **120 Kps.**	**€ 24,60** **€ 41,60**
Zinkorot 160 mg (= 25 mg reines Zink) (Biosynthese und Regeneration von Glutathion, Schwermetallausleitung, Immunsystem, Haut. Tagesbedarf anfangs oft 50 - 75 mg, später 25 mg reines Zink.)	**100 Kps.**	**€ 12,70**
Magnesium 600 mg (Biosynthese von Glutathion, Herz, Krampfzustände.)	**100 Kps.**	**€ 10,00**
Folsäure 5 mg (Oft großer Mangel nach häufiger Antibiotika-Einnahme und nach der „Pille“. Nur in der Krebsvorsorge wichtig. Bei Verdacht auf eine Krebserkrankung Einnahme nicht empfehlenswert, weil dann die Gefahr von Chromosomenbrüchen in der DNA des Zellkerns besteht! Tagesbedarf anfangs oft 10 - 15 mg.)	**60 Kps.**	**€ 22,40**

Coenzym Q 10 120 mg (Herz, Energie, Anti-Aging. Tagesbedarf anfangs oft 120 - 240 mg. *Einnahme immer mit etwas Fett.*)	**60 Kps.**	**€ 43,70**
Vitamin E 420 mg (= 508 i.E.) (Ergänzung zum Vitamin C, Schutz von Zellmembranen, Entzündungshemmung bei rheumatischen Beschwerden. Tagesbedarf anfangs oft 800 – 1.200 mg. **Ausnahme:** siehe Fußnote Seite 41. *Einnahme immer mit etwas Fett.*)	**100 Kps.**	**€ 21,50**

Über den Erfinder des S-Acetylglutathion

Dr. med. habil. Gerhard Ohlenschläger wurde am 26.8.1930 in Frankfurt/Main geboren. Studium der Medizin und Philosophie an der Goethe Universität Frankfurt. Abschlüsse als Facharzt für Innere Medizin, Chirurgie und Labormedizin, 15 Jahre lang in verschiedenen Kliniken in den Disziplinen Innere Medizin, Chirurgie, Labormedizin, Serologie, Gynäkologie und Orthopädie tätig. Verfassung einer Habilitationsschrift über neue Molekularsieb-Elektrophoresemethoden, eine Arbeit, deren wissenschaftlicher Wert und Inhalt von vier unabhängigen Wissenschaftlern verschiedenster Universitäten als gut und wertvoll anerkannt wurden.

Ausbildung in Biochemie und seit über 30 Jahren am Gustav-Emden-Zentrum für Biologische Chemie in Lehre und Forschung tätig. Zu seinen Gebieten zählen Biochemie, Pathobiochemie, Molekulare Biologie, Klinisch-chemische Analytik und andere an der Universität Frankfurt/Main. Ausbildung von medizinischem Hilfspersonal, Heilpraktikern und Medizin-Studenten.

Weitere Forschungen auf folgenden Gebieten: Sauerstoff-Therapien; Ozon- und Hämatogene Oxidations-Therapien; Photochemische Reaktionen und Biophotonen-Effekte; Homöopathie und Homotoxikologie-Therapien; Antioxidative Therapien und Strategien gegen den oxidativen Stress; Orthomolekulare Therapien sowie Adjuvante Krebstherapien.

Veröffentlichung von über 500 Fachpublikationen und vielen Monographien. Wichtigste Buchveröffentlichungen: *Das Glutathionsystem – Ordnungs- und informationserhaltende Grundregulation lebender Systeme,* Verlag für Medizin Dr. Ewald Fischer, Heidelberg, 1991; *Freie Radikale, Oxidativer Stress und Antioxidantien – Krankheitsverursachende, präventive und reparative Prinzipien in lebenden Systemen,* Ralf Reglin Verlag, Köln, 2000; (gemeinsam mit Hans Dietl): *Handbuch der Orthomolekularen Medizin – Prävention und Therapie durch körpereigene Substanzen*, Karl F. Haug Verlag, Stuttgart, 1994.

In einem Vortrag zum 65. Geburtstag von Dr. med. habil. Gerhard Ohlenschläger sagte der Biophotonen-Forscher Prof. Dr. Fritz Albert Popp: „Was ich am meisten bei Ihnen bewundere, Herr Ohlenschläger, ist, dass Sie heute hier nicht anwesend sind als beispielsweise der Direktor eines großen Max-Planck-Institutes – eigentlich hätten Sie es ja verdient – oder als Direktor eines großen pharmazeutischen Konzerns. In einer Zeit, in der die wissenschaftlichen Tugenden der Vergangenheit nicht mehr so gefragt sind, in einer Zeit, in der das Verantwortungsbewusstsein für die Zukunft auch nicht sonderlich gefragt ist, ist es wirklich eine Ehre, bestimmte Verdienstmedaillen nicht umgehängt bekommen zu haben." (*Aktuelle Standpunkte aus der Ganzheitsmedizin – Berichtsband zum Gerhard-Ohlenschläger-Symposium,* Ralf Reglin Verlag, Köln, 1996, S. 71)

Über den Autor

Lorenz Geßwein ist seit 1982 als Heilpraktiker in Bonn tätig. Er ist Autor mehrerer Fachveröffentlichungen zu den Themen Bach-Blütentherapie®, Jin Shin Jyutsu® und biologische Tumortherapie. Seminar- und Vortragstätigkeit über medizinische und naturheilkundliche Themen (insbesondere Bach-Blütentherapie®, Jin Shin Jyutsu® und biologische Tumortherapie) auf medizinischen Symposien, an Heilpraktiker-Schulen, der Universität Bonn, Volkshochschulen und Gesundheitszentren.

Weiterführende Literatur

(1) Geßwein, Lorenz: *Befreiung von Krebs – S-Acetylglutathion und eine psychologisch-biologische Basistherapie* (Mehrere Teile, Erstveröffentlichung in CO'MED, 2003/2004, www.glutathion.de) (Einführende Texte zur SAG-Tumortherapie und Beschreibungen von Fallbeispielen aus der Praxis.)

(2) Geßwein, Lorenz: *Leitfaden der S-Acetylglutathion-Therapie*, Erstveröffentlichung in CO'MED 4/2004, www.glutathion.de (Für medizinische Laien relativ schwierig lesbare wissenschaftliche Arbeit.)

(3) Geßwein, Lorenz: *Biologische Befreiung von Krebs – Vorbeugung, Heilung und Nachsorge*, Vorwort von Dr. med. Gerhard Ohlenschläger, edition lux, 2004, ISBN 3-9809845-6-7, www.glutathion.de, 536 Seiten, € 40,00 (Populärwissenschaftliche Darstellung von Theorie und Praxis. Enthält viele praktische Ratschläge zur Vermeidung und Behandlung von Tumoren und anderen lebensgefährlichen chronischen Erkrankungen.)

(4) Ohlenschläger, Gerhard: *Das Glutathionsystem – Ordnungs- und informationserhaltende Grundregulation lebender Systeme*, z. Zt. vergriffen, Anfragen zur Neuauflage unter www.glutathion.de (Grundlegende Darstellung des Glutathionsystems auf sehr hohem wissenschaftlichen Niveau.)

(5) Ohlenschläger, Gerhard: *S-Acetylglutathion – eine neue therapeutische Substanz in der Behandlung von Immunschwächen, Infektionskrankheiten und anderen devitalisierenden Erkrankungen*, in: *Freie Radikale, Oxidativer Stress und Antioxidantien – Krankheitsverursachende, präventive und reparative Prinzipien in lebenden Systemen*, Erstveröffentlichung in Ralf Reglin Verlag, Köln, 2. erweiterte Auflage, 2000, www.glutathion.de (Sehr informativer und interessanter wissenschaftlicher Beitrag; für medizinische Laien indes auf sehr hohem Niveau.)

(6) Ohlenschläger, Gerhard: *Oxidativer Stoffwechsel und das Glutathionsystem aus energetischer Sicht*, in: *Freie Radikale, Oxidativer Stress und Antioxidantien – Krankheitsverursachende, präventive und reparative Prinzipien in lebenden Systemen*, Erstveröffentlichung in

Ralf Reglin Verlag, Köln, 2. erweiterte Auflage, 2000, www.glutathion.de (Sehr informativer und interessanter wissenschaftlicher Beitrag; für medizinische Laien indes auf sehr hohem Niveau.)

(7) Ohlenschläger, Gerhard: *Was ist Glutathion*, „raum&zeit", Nr. 116/2002 (Populärwissenschaftliche Arbeit, die auch für medizinische Laien recht gut verständlich ist.)

(8) Ohlenschläger, Gerhard/ Donnerstag, B. et al: *Reduced glutathione and S-acetylglutathione as selective apoptosis-inducing agents in cancer therapy,* Cancer Letters 110 (1996) 63-70, Elsevier Science Ireland Ltd. (Wissenschaftliche Arbeit auf hohem Niveau; für med. Laien wohl schwierig.)

(9) Wu, G./ Fang, Y.-Z./ Yang, S./ Lupton, J.R./ Turner, N.D.: *Glutathione Metabolism and Its Implications for Health*, Journal of Nutrition, 3/2004, 489-492, American Society for Nutritional Sciences (Sehr gute, aktuelle wissenschaftliche Arbeit; für med. Laien ohne Kenntnis der englischen Fachsprache wenig empfehlenswert.)

(10) Reglin, Felicitas: *Was Sie schon immer über Vitalstoffe wissen wollten... – Fakten, Fiktionen, Empfehlungen*, Ralf Reglin Verlag, Köln, 2000 (Auch für med. Laien verständliches, sehr interessantes Buch.)

(11) Buchwald, Gerhard: *Impfen – Das Geschäft mit der Angst*, emu-Verlags-GmbH, Lahnstein, 1994 (Gute, allgemeinverständliche Einführung zur risikoreichen Impfproblematik.)

(12) Coulter, Harris L.: *Impfungen – Der Großangriff auf Gehirn und Seele*, Hirthammer Verlag, München, 1993 (Vertiefende Darstellung der Impfproblematik, insbesondere mit der Darstellung der Verhältnisse in den USA.)

(13) Scheibner, Viera: *Impfungen, Immunschwäche und plötzlicher Kindstod*, Hirthammer-Verlag, München, 2000 (Einfach überwältigend! Dr. Scheibner analysiert 30.000 Seiten Impfliteratur Impfung für Impfung. Die **Hauptaussage**: „100 Jahre schulmedizinischer Forschungen beweisen, dass Impfungen ansteckende Krankheiten nicht verhindern, sondern einen medizinischen Angriff auf das Immunsystem darstellen und mehr Leid und mehr Tod als jede andere menschliche Aktivität in der gesamten Geschichte der Medizin verursachen.")

Krebs ist eine Volkskrankheit geworden; immer mehr Menschen aller Altersstufen werden von den verschiedensten Krebserkrankungen befallen und sind in ihrer Ratlosigkeit und angsterfüllten Not den Mitteln und Methoden der Schulmedizin ausgeliefert. Die Schulmedizin aber hat ihr verheerendes Versagen in der Krebstherapie öffentlich bekundet: denn die neueste Prognose der Schulmedizin zur Verbreitung von Krebs besagt (Krebskongress in Berlin im Jahre 2000), dass in weniger als 10 Jahren Krebserkrankungen die Todesursache Nr. 1 sein werden. Aus dieser Prognose können wir mit den Gesetzen der Logik schließen, dass die Vorsorgemaßnahmen der Schulmedizin ebenso versagt haben wie ihre Krebstherapien.

Die zeitlose west-östliche Weisheit sagt, dass alle lebensgefährlichen, schwerwiegenden Erkrankungen einschließlich Krebs durch lange dauernde Anhäufungen von Sorgen, Ängsten, Stress und giftigen Substanzen entstehen. Demnach kann der Mensch Krebs nur überwinden, wenn er diese Anhäufungen wieder abbaut.

Der Leser erfährt die einzelnen kollektiv-kulturellen, psychologischen und materiellen Ursachen der Tumorentstehung und wie sie erkannt, überwunden und vermieden werden können.

Es ist das zur Zeit einzige Buch, das die vielfältigen Ursachen von Tumorerkrankungen im Einzelnen erläutert, aber auch ein leicht verständliches und naturwissenschaftlich fundiertes, biologisches Therapiesystem genau darstellt.

„Dem Autor des vorliegenden Buches, Heilpraktiker Lorenz Geßwein, ist die äußerst schwierige Aufgabe hervorragend gelungen, die komplexe Problematik der Ätiologie, Pathophysiologie und Pathogenese maligner Neoplasien und ihre adjuvante ganzheitliche Therapie darzustellen, aber auch die spirituelle Dimension von Krebspatienten zu erfassen.

Neben einer umfassenden modernen naturwissenschaftlichen Sichtweise gibt er aus seiner reichen praktischen Erfahrung in der Behandlung von Patienten mit Krebserkrankungen gute Therapiehinweise.- Ein sehr gelungenes Buch für Theorie und Praxis."
(Dr. med. Gerhard Ohlenschläger)